建築・都市レビュー叢書 04

フラジャイル・コンセプト

青木 淳 *Jun Aoki*

NTT出版

「ぼよよん」は、ゆれ、たわみ、きしみ、かしぐ環境です。

もし、堅牢堅固を前提とすれば
ゆれ、たわみ、きしみ、かしぐことは、マイナスの現象です。
なぜなら、それらはものや環境が壊れるときの前兆だからです。

しかし、三・一一の大震災とそれに続く余震の連続のなかで
どんなに堅牢堅固に環境をつくろうとも
つねに想定以上のことは起きてしまうことを
世界は、実は盤石どころか
生き物のように動いているものであることを
私たちは、肌身をもって知りました。
私たちは、世界の堅牢堅固を前提にできません。

では、生き物のように動いているこの世界に
素直に呼応できる環境とはどのようなものなのだろうか。
それを、仮に「ぼよよん」と呼んで、検証してみようと思います。

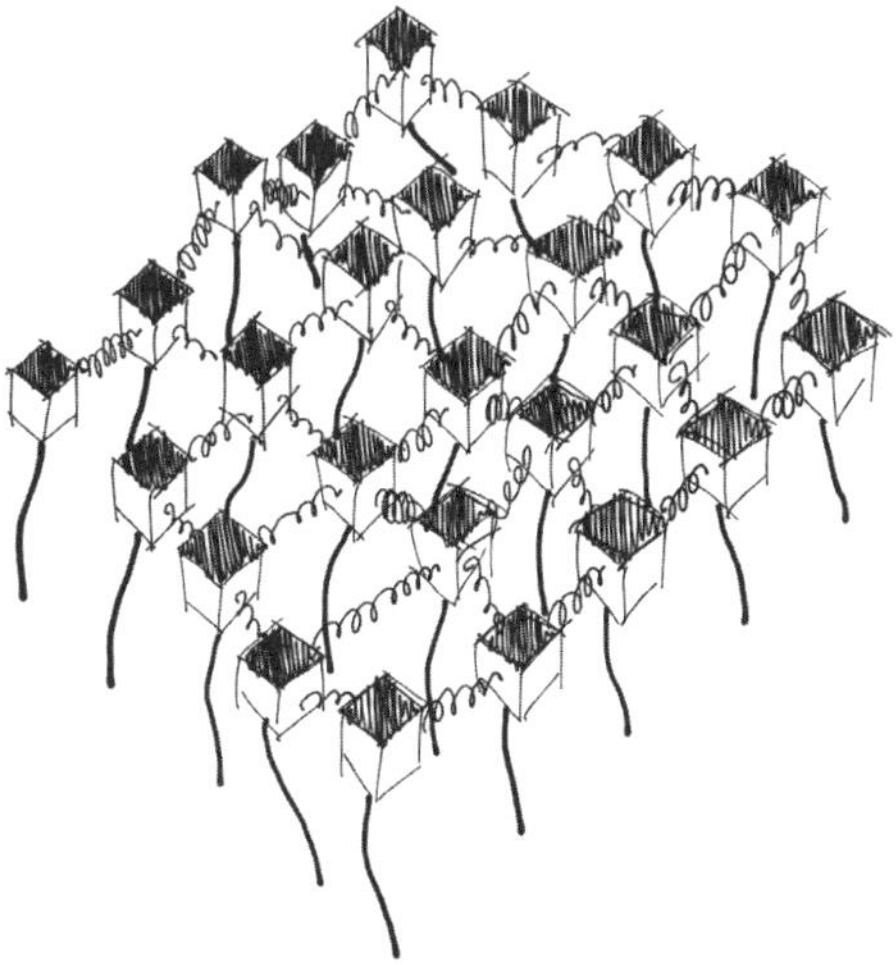

序　フラジャイル・コンセプト

「ぼよよん」を検証してみよう。そう思ったのは、東日本大震災が起きて、しばらくなにも手につかず惚けていたのを少しはリハビリにでもと恐る恐る、上州富岡駅舎のプロポーザルをはじめたときのこと。まだまだひっきりなしの余震があって、ぼくたちの足元の地面が豆腐でできていることはもうバレバレで、大地の揺れに争って動かないことが「揺れない」ということなのか、それとも大地の揺れに身を任せて一緒に揺れることが「揺れない」ということなのか、すっかりあやふやになってしまっていた頃のことだ。

そういえば、と思い出したのが《ぼよよん小屋》のこと。

話は震災の一年前に遡る。ぼくの事務所で設計した青森県立美術館から、「開館五周年記念展」の一つとして展覧会開催を打診された。ちょうど東北新幹線路線が延長して新青森駅が開業する。あわせて「青森デスティネーションキャンペーン」が開催される。美術館も五周年。まさかその一年後に震災の悲惨が到来することなど誰一人知らぬ、そこはかとなく、ぬるい幸福感が漂っていた頃のことだ。

美術館の建築・空間をテーマに、アーティストの杉戸洋さんと組んで、展覧会をつくることにした。その過程で、もたれかかると「ぼよよん」と揺れる小屋をつくることを思いついた。

揺れには両義性がある。がたがた、ぐらぐらと揺れるのは怖い。ゆらゆら、ふわふわとたゆたうのは気持ちよい。ふらふら、よたよたと揺れるのだとその中間くらいで、気持ち良いのと危なっかしいのとが混じっている。

普通、建物が揺れるのは欠陥で、まさか揺れるとは思えないがっしりとした建物が揺れると、慌てふためく。ポジティブが転倒してネガティブに転ぶ。しかしそのネガティブも、揺れている間にもう一度、ポジティブにひっくり返るかもしれない。絶対的にネガティブなことはなく、絶対的にポジティブなこともない。物事はすべて、ネガティブであると同時にポジティブなのではないか。

後で考えれば、多幸感に満ちたまどろみのなかにあって、その一皮内側には過酷な世界が隠れていることを表わしながら、しかしまたその酷薄な世界が、もう一度ポジティブな世界に転生する機会を狙っている、そんなことを含ませたかったのかもしれない。とりあえずのポジティブな世界を立脚点として、眼の前の風景を、どちらに転ぶかわからない、ネガティブとポジティブの反転可能態に持っていくこと。「ぼよよん」とは、その岐路に置かれた状態を表わすオノマトペだった。

《ぼよよん小屋》が、ぼくの事務所で着々と制作されていくのと並行して、杉戸さんのアトリエでは、小さな油彩が描かれているようだった。その多くは、後で知ったことだが、やはり歪んだ小屋や壊れた小屋の絵だった。

二〇一一年四月二三日にはじまる展覧会で、設営に乗り込む直前に東日本大震災が発生したため、この展覧会はキャンセルになったが、《ぼよよん小屋》はすでに完成していた。そこで、杉戸さんのアトリエに部品を持ち込み、組み立てた。二〇一六年、豊田市美術館での杉戸さんの個展「こっぱとあまつぶ」で、手を加えたうえ、はじめて出展した。二〇一七年には、杉戸さんと、当時ぼくの事務所でこれを担当していた大石雅之さんとで、さらに大きく手を加えられ、タイトルも《ぼよよんろうそく》と変わり、青森県立美術館に展示された。この本が書店に並ぶ頃にも、運良ければ、まだ展示されているかもしれない。

ぼくの事務所単独でも、モノとしての「ぼよよん」は、二〇一一年の「オカムラデザインスペースR　第九回企画展」や二〇一六年の《ぼよよん土管》で試してきているのだが、この「ぼよよん」は、モノの範疇にとどまらない、コトの範疇まで広がっている、と思い当たったのは、つい最近のこと。「フラジャイル・コンセプト」とは、そのコトとしての「ぼよよん」のことだ。

一九九〇年だったか、まだ磯崎新さんの事務所にいた頃、定期的に開かれる「勉強会」に出席していた。場所は東京青山にある旧山田守自邸で、先輩たちの話を聞いていていくのでほうほうのていなのに、あるとき、次回は君が発表せよと指名された。話すことがない。ちょうど水戸芸術館の現場常駐が終わったばかりで、ずっと忙しかったから、というわけだけでもないけれど、なんの勉強もしていない。しかたないから、たとえとるに足らない話題であっても、自分にとって切実な問題を話すしかないと観念した。それで、なんであれほどまでに、水戸の現場で設計変更しつづけたのか、ということを話すことにした。水戸では、設計変更するたびに、というか毎朝「今日の設計変更を発表します」とやっていたのだが、市役所の担当から怒られるのに対して、「よりい案を思いついたのに、それをみすみす逃すのはもったいないじゃないか」と食ってかかる無体を働いていた。どうも、設計変更は悪いことではない、いや、設計変更こそ設計の本来の姿でないか、とさえ思っているようだった。

二〇世紀の音楽は、それまでの作曲家と演奏家と聴衆の固定した関係を疑った。作曲家が楽譜という正典を作成し、演奏家が現実の音に翻訳し、聴衆が聞こえてくる音を通して作曲家の意図を受けとる、という一方通行の流れでは「音楽」はすくいとれないと考えられたからだ。たとえば武満徹は、「音楽」とは本来、「音楽的思考」や「音楽的行為」への人間の「たえまない欲求」からなるものであり、作曲、演奏、聴衆の間にヒエラルキーはない、とした。

作曲↓演奏↓聴衆という図式を、激しく循環し変化しつづける生きた関係とするためには、音楽は、たえず生成しつづける状態としてなければならないように思う。そして、無数の個別の関係が質的に変化しつづけ、ついに見分けがたく一致するまでに音楽は行われなければならない。たぶん、音楽はその時、日常的挙動に還元されて、生の規律そのものとなるのではないか。

（武満徹「作曲家と演奏家と聴衆」『音、沈黙と測りあえるほどに』）

慣例に盲目的に従うのではなく、生成しつづける音楽行為そのものを〈現実（real）〉にしなければならない。音楽の楽譜／演奏／聴衆の関係を、演劇に移しかえれば、戯曲／上演／観客になる。ここでも、戯曲の先行を前提とする上演ということに対して「一度、「戯曲」として書き、きちんと幕を切ってしまったものを、どうしてもう一度、生身の人間を使って現場検証してみようとするのか」（寺山修司「戯曲論」『新劇』一九七四年五月号）と、疑問が投げかけられていた。寺山修司もまた、演劇を世界の再現ではなく、「日常的現実原則と虚構の現実とのクレヴァスを埋めあわせ、そこに新しい出会いを生成する」ものの、つまりその生成行為そのものとして再定義しようとしていたのだった。

建築とは現実世界という生きた生成行為の組織化である、と言うのは、音楽や演劇がそうであると言うよりも、ずっとたやすい。モノとしての建築物は、現実世界の一部を成すし、そこに人が関われば、モノとコトとが組み合わさった現実世界も生まれるからだ。建築とは、人びとの生という不定形の、生きた生成行為であるナカミに、形つまり組織を与えるウツワである。

音楽においての「楽譜」や演劇においての「戯曲」を、建築に置き換えれば、「設計図」だ。「演奏」や「上演」は「施工」にあたるだろう。そこで勉強会で、寺山に倣って、「一度、「設計図」として描ききってしまったものを、どうしてもう一度、生身の人間を使って現場検証してみようとするのか」と啖呵を切ってみた。もちろん、待っていたのはまったくの黙殺で、たしかに、施工が設計図の単なる復元・再現行為でないとするなら、設計変更する主体は、設計者ではなく施工者でなくてはならない。このアナロジーから、設計者が施工中でも設計変更を繰り返すことこそが建築のあるべき姿だ、という結論を導くのはどだい無理な話だった。

しかしそれでも、頭のなかで完成しきったことを現実に置き換えていくのは退屈なこと。自分がそう感じるタイプであることは、それからしばらく経って、自分の仕事をはじめてわかってきた。「この案のコンセプトはなんですか?」と聞かれるたびに腹が立ったからである。

そう聞く人は、ものをつくるときには最初にコンセプトがあるはずと考えている。コンセプト、つまり「したいこと」がまずあって、それをカタチにするのが「つくる」ことだ、と捉えている。ところがこちらは、カタチにしていくなかで「ああ、自分はこんなことをしたかったんだ」と気づく、それが「つくる」ということだと感じる人間のようだった、というか、そういう時間の過ごし方、頭の働かせ方が楽しいから日々やっているわけで、その行ないの総体が「つくる」ということだと思っているらしい。先にコンセプトを決めて、そこからそれを直線的にモノに持っていくのは、単なる作業であって、「つくる」ではないのではないか、と感じてしまうのである。

最初にまったくコンセプトがないわけではない。はじまりには、こんなことをしてみたらおもしろくなりそうだな、という感覚があって、それをコンセプトと呼べないこともない。ただ、それはあくまできっかけ、物事を先に進めるためのエンジン、あるいはとりあえず背を押す仮説のようなもので、その仮説を試してみれば、たいていは最初の感覚とずれてくる。それで、あ、違った、こっちの方向、と最初のコンセプトを立て直して、別の道に切り替える。するとまた間違いに気づいて、別の道を行く。そのたびごとに、自分では脱皮した気分、ちょっと進歩した気分になるが、まあ、堂々巡りしているだけのような気もする。ともかく一歩一歩が、この先、どっちに行くのかわからない、出たとこ勝負の賭けになる。

手綱を締めてその先の展開をしっかり牽引する強いコンセプトというものがある。そこでは、コンセプトがいわば種子でその生育が表現だ。コンセプトには、表現の隅々まで一意的に決めることができるまでに包括的な種子であることが求められる。表現には、そのコンセプトをミスなく隙なく、現実に移しかえるだけの完璧な技量が求められる。

その一方で、先々不確定な揺らぎを引き起こすフラジャイルなコンセプトがある。行きつく先が見通せず、辿りつき来し方を振り返ってはじめて、その道筋が見えてくるつくり方がある。

社会はますます、前者の世界を求めるようになってきている。その社会は、隙なく、窮屈で、息苦しい。外から求められる約束事がある。内から、つまり自分から自分に嵌めたコンセプトというタガがある。そこから逃れたい。

その行ないがそもそも「つくる」ということではなかっただろうか、とぼくは思うのである。

目次

フラジャイル・コンセプト

第1部

表現でないこと

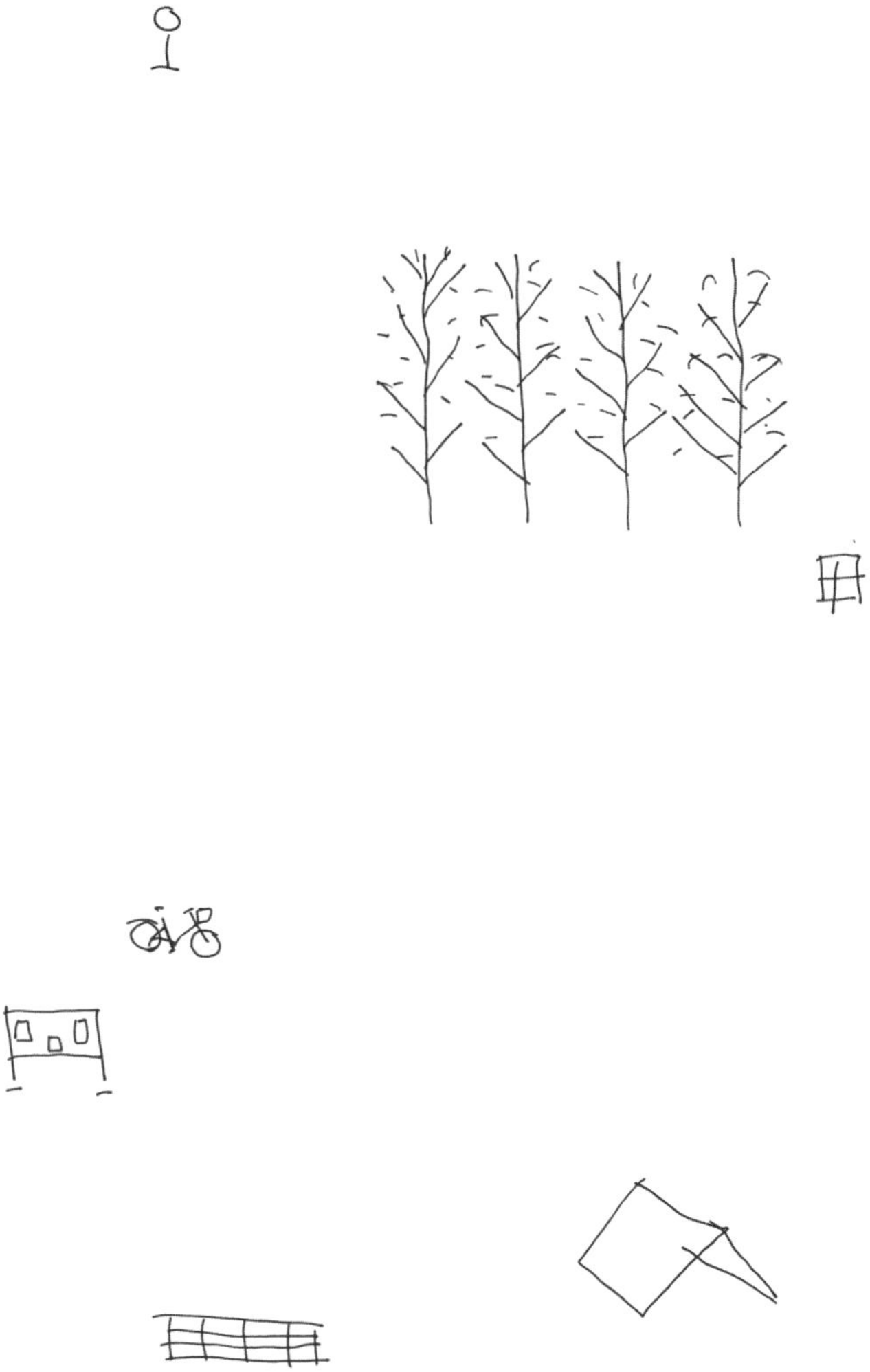

二〇一三年から三年間、京都工芸繊維大学大学院の設計課題を受けもった。実際に存在している空間を対象にしたかったのと、学生にその場所を何度も訪ねてもらいたかったので、一年目は妙心寺、二年目は国立京都国際会館、三年目は無鄰菴《むりんあん》を敷地に選んだ。課題の狙いは、その場所にそれぞれの学生なりの、なにか具体的な発見をしてもらうこと。設計はささやかなものでよく、むしろ現地に通って自分の感覚を研ぎ澄ませることを、とことんやってほしかった。

どの場所にも、特有の「くうき」がある。その「くうき」を嗅ぎとってもらいたい。そして、その「くうき」が生まれているのが、具体的になにに由来するのか、見つけてほしい。たとえば、塔頭の間の路地が静謐ながらなにかしっくりくるのは、塀の漆喰の白さと、にもかかわらず下の方にある茶色の染みの大きさと形のせい、というような。ともかくまずよく見て、感じること、そしてどこにそう感じる原因があったかの自分なりの答えを見つけること。感覚の言語化の努力（言葉に置き換えることがどうしてもできないもどかしさを感じながらも、それでも言語化しようという努力）を省いて、すぐに「コンセプト」に逃げてしまうと、やれることが言葉で包括できる範囲にとどまるから、案は浅くなる。言葉で説明しつくせるものはつまらない。こちらの気持ちを汲んでくれたのかどうか、妙心寺の課題のときは、三日間の座禅研修に参加した学生がいた。

このことはなにも学生の課題設計だけでなく、建築ということについてのぼく自身の考えに戻ってくる。建築の価値は、人を驚かすスペクタクルになっているかどうか、にはない。建築は、ぼくたちが日常、目にしているものをどう選んで、どうくるか、どうつなげていくか、だと思う。その価値を判断したいなら、そのつなげ方が今とは違う日常に開かれているか、ではないだろうか。

1　「くうき」を整える

ある場所でなにかをちょっと変えると、その場所全体の感じが変わってしまう。

そんな経験は誰もが持っている。

その経験を一歩先に延ばして、そのちょっとをもう少し増やしていって、その場全体を気持ちいい場所にしていく、ということを想像してみる。

気持ちいい場所になるために、どんなところに、どんなちょっとをすればいいか。

ほとんどなにもしないで、気持ちいい場所になることもある。

あちらをこう、こちらをこう、と至るところに手を加えなければならないこともある。


先に、やるべき分量が決まっているわけではない。

自分なりに納得がいくところまで辿りついたその結果が、つまり、やるべき分量だったのだ。

こういう行ないは、自分がやったことを誇示するためのものではない。

むしろ、作為的なのはよろしくない。

その場が気持ちよくなるのに、その「自分」がえらく邪魔になるからだ。

それと、自分なりの納得だから、答えは一つではない。人それぞれの答えになる。
いや、そもそも「気持ちいい」の内容が、人によって違う。
でもどういうわけか、ときに、
自分が納得したその個人的な気持ちよさが人に伝わることがある。
うれしいことに。
気持ちよさは言葉を介して伝わるものではなくて、その場に立って、その場を歩いて、
自然に感じられるかどうか、で決まる。
理屈ではない。かなり、こわい話だ。

だけど、そうであっても、それをやるうえでは、理屈が、たぶん、いる。
こうしてみたら、こういう感じになった。
ならば、こうしてみたらどうだろう。
こう思うときの「ならば」を仮説と言う。
仮説を立てて、それにもとづいて、試してみる。
そうしなければ、なかなか先に進まない。
やっていることは、科学と同じだ。
理屈がある。

こういう行ないは、建築をつくる、ということと、そのままぴったりとは重ならない。
なぜなら、建築は、だいたい、先に、そこでやられるべきこと（「機能」）、
そこで手を加えるべき分量（「規模」）が決まっているから。
でもそれでも、建築をつくるときのおおもとに、こういう行ないがなくなってしまったら、
まずいんじゃないか、とぼくは思う。

もっと強く言おう。こういう行ないの先で、建築をつくっていきましょう。

2　どこからが絵なのだろう、どこまでが絵なのだろう

1　「つくること」は「くくり」である

この春に出た、ぼくにとっての三番目の作品集『JUN AOKI COMPLETE WORKS | 3 | 2005-2014』（二〇一六年）に、四つの文を書いたのですが、四つ目の、ということは結論めいたものになるはずの文の最後の方、まさに結論を書くべきところで、ぼくは突然、脱線でもするように、杉戸洋さんの言葉を引きました。

アトリエ部分で一つだけこだわっていることがあります。それはアトリエ内に水場を持ち込まないということ。もちろんそばにあれば筆を洗ったり便利であるけど、今まで何度も引っ越しをしてきて、これまでに住んできた建物はなぜか水場が外にしかなかったり、またある家にいた時はタンクを持って澤までに汲みに行かないといけなかったり、仕事場から離れた場所にありました。面倒といつも思いながらバケツに水を用意する事が制作を始める前の日課になっていたのですが、ある時水場の整ったスタジオで滞在制作の機会があり、すぐ

水が用意出来ていつでも筆を洗えたのですが、絵を描く時の色を変えるタイミングや手順、何かが狂ってしまい、近くにある便利な水道がかえって不自由に感じてしまいました。ですから今でも制作のスタートは二階から水をバケツに汲んでアトリエに入るのがスタンスになってます。［▼1］

ここからぼくは、杉戸さんにとって、絵は「もの」ではなく「くくり」であって、それはぼくにとっての建築にも言えること、と急転直下、話を終えるのですが、この本を読んでくれた人の多くは、この「くくり」というのが、わかったようなわからないような、という感想だったようです。

杉戸さんと一緒に、展覧会をやろうとしていたのでした。引用した言葉は、まるでエッセイの一部のようですが、実はその展覧会のいわば所信表明として、書かれたもの。しかしなぜ、所信表明が、これからつくりあげる展覧会への思いや意志ではなく、エピソードなのか。そしてその内容がなぜ、絵の内の世界ではなく、絵の外にあるアトリエの、これまたその外にある水場についてなのか。ぼくは、このことこそに、杉戸さんにとっての「つくること」が「くくり」であるということがよく表われていると思ったのです。が、そのことをわかってもらうためには、少々、回り道をしなくてはならなかったのかもしれません。

2　絵の内と外はつながっている

その展覧会の準備期間中、よく、電話で話しました。「瓢鮎図、知ってますよね？」唐突でした。「ひょうたんでナマズを捕まえる絵」。日本水墨画の源流にあって国宝でもあるこの絵をしかし、ぼくは思い出せませんでした。「でも、なんで？」と聞くと、電話口の向こうから、たぶん小さな犬なのでしょう、いつものけたたましい吠え声の合間に、「あ、いいんです、それなら」と返ってきて、それきりになってしまいました。

以来、彼があのとき、瓢鮎図のなにについて、なにを言いたかったのか、ときに思い出し、複製を眺めたりします。

やはり目を惹くのは、絵の下端、中央よりやや右のところで、右に広がる流れに乗って泰然と泳いでいるナマズです。ナマズが胸鰭の二つの小さなCを従え、身をくねらすゆるい大きなSとして描かれている。丸みを持ったゆるいSと、そこに目がいくように添えられた二つのCがあって、じっと見ていると、この形が、この大きさで、この場所になければ、この絵はとうてい締まらなかっただろうと思われてきます。この謎めいた絵の世界で、ナマズは画期的な発明だったのではないか。そう感じられずにはいられなくなってきます。

杉戸さんの絵の内にヘビを見つけたのはたしか、その翌年、二〇一二年の初夏、名古屋のケンジタキギャラリーでの彼の個展［▼2］でのことだったでしょうか。ヘビが木に絡みついて登っている。絵のなかに、ヘビが現われ、そのゆるく伸びたSが、絵の世界で重要な役を演じていました。

果実に向かって木を登るヘビとはしかし、なんなのだろう。

「いつか、あんたの星が、なつかしくてたまらなくなって帰りたくなったら、おれが、あんたをなんとか助けてやるよ」と言って、星の王子さまの足首に、金の腕輪のようにまきついたヘビがいます［▼3］。「園にあるどの木からも取って食べるなと、本当に神が言われたのですか」と、「女」（エバという名前を持つのは、この後のこと）を誘惑して、禁断の果実を食べさせたエデンの園のヘビがいます［▼4］。

絵の内の世界で、垂直に立った円筒形に、なにを加えればいいのか。柔らかく細長くゆるいSを絡ませればいい。杉戸さんは、そう教えてくれる物語がとうの昔にあったことに、ふと気づいたのではないだろうか、とぼくは想像します。

絵の内の問題の答えが、絵の外に見つかる。そこからもう一歩、踏み出して、絵の内の世界は、すでに絵の外にある。さらに、もう一歩進んで、絵の外の世界が、すでに絵である。この世界がそのまま、絵の世界につながっている。ぼくが杉戸さんに感じるのは、そんな方向での感覚の踏み出しです。

ところで、山水画の世界の内にSを入れたらいいと教えてくれたのは、いったいどんな物語だったのか、気になって調べてみたら、ひょうたんもナマズも心の表象であり、「心で心をとらえることができるか」という禅の公案から来たそうです［▼5］。心のありようについてのエピソードに、すでに絵の世界は達成されていたのでした。

3 「くうき」を整えること、ニュートラルになること

これも、その展覧会の準備期間中のこと。たしか、マクラーレンのマシンが、シルバーストーン・サーキットでマイナーチェンジされていて、というような話からはじまっていたはずだから、六月か七月のメールだったでしょうか、その翌年の春にはじまるぼくたちの展覧会のファースト・イメージとして、杉戸さんが一枚の写真を送ってくれました。

真ん中に、白い壁でできた腰高の階段手すりが写っています。その右側から壁に沿って、そう、小さな犬でした、犬が歩いてきている。カメラの視点は、床ぎりぎりの高さ、つまり犬の視点。その高さから見ると、途中で折れ曲がる手すり壁は、大きな白い箱のよう。折れた先には、青アジサイの鉢。その青に、次の瞬間、犬がハッと気づくはず。白い箱とアジサイの青。アジサイだから、やっぱりあれは、梅雨の季節でした。

白く塗ったレンガで外を覆った、箱のような《青森県立美術館》に、なにかをつけ加えるとしたら、それはアジサイの青だよ。そう、犬が教えてくれているのでした。

なにかをつくろうとして、しかし、なにをつくろうか、とは考えない。そうではなく、その場所の、そこに行き交う「くうき」を整えようとする。それが結果として、つくるということになる。

どの場所もいつも、その質において、前後左右どちらかに体重を預けています。そして、その重心のズレが、場所の個性になっている。そこになにかをつけ加えて、その「くうき」を整える。つまり、ニュートラルにする。

でもそもそも、どうしてニュートラルにするのか。

その瞬間、隙間があいて、スッと動けるようになるから。「くうき」が通って、ふっと軽くなるから。人がまっすぐに立っているとき、それはとどまっている状態ではなく、微振動している状態だと聞きます。重心がずれて、一方に倒れようとする力が働くのを、それを引き戻そうとして重心をずらし、そのズレがまた平衡を失わせ、それでまた重心を移動するという絶え間ない運動の状態が、一見、静止しているようなまっすぐという状態なのだ、と。武道の達人は、どの瞬間にも俊敏に動けるように、自分をいつでもそういう動的平衡に持っていく能力を研ぎ澄ましています。

そんなニュートラルな状態をつくるために、その場所のどこに、なにを、どのように加えるか。その答えはしかし、論理的、演繹的には出てきません。考えを先に、あるいは奥に向かって突き進めるのではなく、まわりの、ぼくたちがふだん目にしていること、体験していることに、もっともっと鋭敏になって、それらの表面を滑りつづけていく。そうすることで、答えが見つかる、かもしれない。

まわりにあるもの、まわりで起きていること、まわりにあるエピソードを俊敏に捉えられるよう、ぼくたちの頭と心を整える。しかしそれはつまり、ぼくたち自身がニュートラルになるということです。そうなれば自然に、犬がアジサイの青を教えてくれる。旧約聖書がSの必要を教えてくれる。

その場所をニュートラルにするということは、実はぼくたちの頭と心をニュートラルにすること。これもまた、杉戸さん特有の、感覚の踏み出しなのでした。

4　その場が、その場であるまま、別の世界に変容する

「あいちトリエンナーレ2013」で、黒川紀章さんが設計した名古屋市美術館を相手にした杉戸さんとぼくは、この建築空間を行き交う「くうき」を整えようとしました。

ふだんは裏になってしまっている南側にも「くうき」が通うように、表と裏をひっくり返しました。二つの軸線からつくっているのに、わざわざそれらの軸線を分断して、そこに軸性を感じさせないようにするという、黒川さんならではの軸線への両義的感情を、赤いワイヤーと青いワイヤーでなぞってみました。二階展示室がどんな構成論理でできているのかが気になって、平面

図の上に色鉛筆で線を重ねて調べる代わりに、実際の展示室で色とりどりのチュールを使って研究してみたら、そこに黄金比が隠されていることがわかってきました。黒川さんは、軸線で空間に筋を通しておきながらそれを壊し、また、黄金比で空間に均整をもたらしながらも、それを壊しているのでした。

杉戸さんは、前川國男さんの建築も相手にしてきました。やはり、青森県立美術館での展覧会を準備しているときのこと。今ある空間になにをつけ加えればいいか。ぼくたちは、そんなテーマでワークショップを開き、参加してくれた人たちと一緒に弘前に、前川國男さんの建築を訪ねました[▼6]。なんと言っても弘前は、最初期から晩年まで、前川さんをずっと大事にしてきた町です。ぼくたちはそこで、前川さんの空間を肌身に染み渡らせました。

不思議な巡り合わせで、杉戸さんはその五年後の二〇一五年、前川さん設計の宮城県美術館で個展を開くことになります[▼7]。杉戸さんは、その準備打合せ場所として、江戸東京たてもの園に移築された《前川國男邸》を選びました。仙台の担当学芸員と名古屋の杉戸さんが会って打合せするのには、その中間点にある前川さん設計の空間がいいよね、という提案だったらしい。展覧会とはその場の空気を整えるためのいわば増改築、と捉える杉戸さんらしい発想です。そこを訪れた杉戸さんは、《前川國男邸》の増築案図面と建替案図面を発見して、一時間以上、見入ってしまったようでした。

そうしてできた宮城県美術館での展覧会は、一言で言えば、黄金比による網目の、濃厚な束といった風情でした。前川さんの師匠、ル・コルビュジエは、黄金比と対角線を用いたトラセ・レギュラトゥール（基準線）という作図法で、建築の立面を秩序づけようとした建築家。その弟子の前川さんの建築空間にも、よく黄金比が現われます。

その空間のなかに、杉戸さんは、庇の小屋のようなものを組み立てました。たぶん、部屋の大きさの割に天井が低く、そのためグリット天井が目に入りすぎる空間を、ニュートラルにするための工夫だったのでしょう。しかし黄金比で秩序立てられた空間に、大きなものを入れ込めば、それもまた黄金比の秩序に乗せなければなりません。小屋の庇パネルを鍵盤の白鍵と見立てれば、それを支える壁はちょうど黒鍵の位置。つまり、この小屋自体が、鍵盤同様、3：5という黄金比の近似値でつくられることになりました。そうなれば、作品のレイアウトが、その壁と壁の間の隙間がつくる軸線の先に来るのは、もうほとんど必然。宮城県美術館の空間は、こうして隅々まで、目に見えない黄金比の基準線が幾重にも張り巡らされることになったのでした。

行き交う空気が整うよう、その場になにか手を加える。しかし、その空間が持っている論理には、とことん身を委ねる。そうすることで、その場が、その場であるまま、別の世界に変容する。ニュートラリティが行き着くところまでいけば、そこに自ずから隙間があいて、自由な動きが生まれます。そのほころびから、今まで見えていなかった世界が顔を覗かせます。

今や、黄金比の網目によって、端整《デコルム》、均斉《プロポーション》、調和《ハーモニー》の世界に整えつくされました。すると、そこにピシッ、亀裂が走るはず。その裂け目からなにかが、高速度で、千々に飛び散っていくはず。

「こっぱとあまつぶ particles and release」というタイトルにやっと決まったと、杉戸さんから電話をもらったとき、ぼくは、そんな情景を想像して、身体がフワッと軽くなるのを感じました。

5 なにかとなにかが次々につながっていくこと

その場を整えること自体が目的ではありません。その先にあるはずの、その場がその場でありながら、しかしそれが別の意味を持った世界に変容して、そこへふっと持っていかれる、その瞬間の体験が大切です。

その場を整えるとは、その場のなにかをなにかとつなげるということです。絵の世界が、旧約聖書とつながって、青森県立美術館の白い箱とアジサイの青がつながって、アジサイの青がブルーシートの青とつながって、その瞬間ごとに、ぼくたちの感覚が移動する。それが、その場がニュートラルになる、ということの本当の意味なのです。

その次々に起きる思いがけないつながりの連鎖を指して、ぼくは「くくり」と呼ぼうとしていました。しかし今考えると、それはあまり適切な言葉ではなかったのかもしれません。まず、「くくり」という言葉には「縛る」というニュアンスが含まれます。また、その言葉からは、どんなバラバラなものが来ても、それを入れることができるはずのフレームが、あらかじめ用意されているように感じられます。

ぼくが言いたかったのは、逆のことでした。

それは「縛る」とは逆に、その場からはじまりながら、「横へ横へ、さもなければ上へ、あるいは下へ、それとも斜めに?」[▼8]に、触手を伸ばし、外に向かってどんどん、つなげられるものを増やしていくことでした。それゆえ、「くくり」は外郭を持ちません。外郭を持たないから、内と外の区別もありません。その場からはじまって、外へ外へとグラデーションをもって広がっていきます。

つながりが思いがけないということは、つながるたびにフレームが更新される、ということです。そうでなければ、つながった瞬間の「自由」は感じられません。なにが来ても大丈夫、というようなフレームなどあらかじめなく、フレームはいつも暫定、いつも次の新たなフレームに開かれています。

その場のものとなにかをつなげる「くくり」が一つ見つかって、その瞬間、ぼくたちの前の世界が変容します。そこでくくられたものに、さらに新たなものをつなげる別の「くくり」が見つかってまた、眼の前の世界が変容します。その変容が連続している状態に自分を置くことが、つまり「つくり」ということなのです。

この「つくり」ということは、ぼくたちの前の世界をじっと見ることから、はじまります。そして、その世界がまるではじめて見たもののように新鮮なものと見えてくるためには、ぼくたちの頭と心を、正しく整えなければなりません。「つくる」ということは、その整えと同義なのです。

杉戸さんが展覧会に向けての所信表明として、水を汲みにいく話をしたのは、こういうことだったのだと、ぼくは考えます。その場からはじまって、そこに置かれるもの、そこに掛けられる絵、そこに吊るされるもの、そこから見える外の景色、そこまで来るとき見えたものや気分、そこから帰るときに見えるもの、実際には行ったことはないしかしある特定の場所、ある音楽を聴いたときの気持ち、もろもろの記憶、エピソード、そういうモノやコトが、つながっていきます。そしてそのたびごとにますます、この現実の世界が、その現実のままなのに、すうっと「くうき」が気持ちよく通う、別の顔を持った世界に広がり、変容していきます。

その一方で、もちろん、絵の内の世界があります。絵は、絵というものとして、外に向かって広がる世界の一つの構成要素となるだけでなく、外に向かうときと同じような「くうき」をもって、その画面の内側に向かって、広がっていくものです。

こうしていつの間にか、絵の画面を境に、こちら側と向こう側がシームレスにつながる。

これがつまり、絵の外の世界がすでに絵である、ということであり、杉戸さんの展覧会とは、もともとは杉戸さん自身のなかだけで生起しているこうした感覚変容の連続体を、ぼくたちがぼくたちなりに追体験することなのです。

注

▼1 「青木淳×杉戸洋　はっぱとはらっぱ（Jun Aoki and Sugito Hiroshi: cob web and spider）」展。青森県立美術館で、二〇一一年四月二三日から六月一二日を会期として開催が予定されていた展覧会。二〇一一年三月一一日に東日本大震災が起きたことを受けてキャンセルになった。<http://www.aomori-museum.jp/ja/exhibition/39/>

▼2 「the orange tree」<http://www.kenjitaki.com/exhibitions/past_nj12.html>

▼3 サン゠テグジュペリ『星の王子さま』内藤濯訳、岩波書店、一九六二年

▼4 日本聖書協会『口語訳　旧約聖書』創世記3章1節

▼5 芳澤勝弘『「瓢鮎図」の謎――国宝再読ひょうたんなまずをめぐって』ウエッジ、二〇一二年

▼6 青森県立美術館お出かけプロジェクト「生きている美術館」二〇一〇年一〇月一〇日、<http://www.aomori-museum.jp/ja/press/release/159.html>

▼7 「杉戸洋展　天上の下地（Hiroshi Sugito: prime and foundation）」宮城県美術館、二〇一五年五月二日－二〇一五年七月二六日、<http://www.pref.miyagi.jp/site/mmoa/exhibition-20150502-s01-01.html>

▼8 宮川淳『紙片と眼差とのあいだに』水声社、二〇〇二年

3 谷崎的建築観 vs 芥川的建築観

選者を務めた『建築文学傑作選』（二〇一七年）が、この三月に出た。建築が出てくるこないにかかわらず、「建築」を強く感じさせる文学があって、国内のそんな中短篇一〇篇を集めた選集だ。「解説」で、それぞれの作品のどういうところが建築を思わせるのか、その理由を説明しはじめたら、どんどんと長くなって、とうとう五〇ページを超え、これでは収録した作品の過半よりも長くなってしまうではないか、と悩んだものの、まあ、しかたない、そうまでしないと、建築と文学はつながらないのだからと、諦めた。とにもかくにも、一風変わった講談社文芸文庫の一冊になったのではないか、と思う。

なるべくバリエーションをと思ったので、それぞれずいぶん違う文学を選んだ。それでも振り返ってみると、いくつもの共通点があることに気づかされる。その一つが「「話」らしい話のない」ということだ。選んだどの文学も、その内容より書き方が際立っている。その書き方に、強く惹かれる個性がある。

書き方、というのは、内容を容れる器のようなもの。もちろん、内容とその書き方が表裏一体、溶け合っているのがいいだろう。ただ実際には、内容だけが頭に入ってくる文学が多い。意識が書き方を素通りする。器はあるけれど、それがまるでないかのように感じられる文学が多いのである。しかし、たとえそうであっても、その器こそが大切なのではないか。そう言いだしたのが芥川龍之介だった。そして、その器の質が純粋に現われるのが「「話」らしい話のない」ときだ、と『文芸的な、余りに文芸的な』は、書き出される。

この芥川の感覚は、まるで建築家が建築について語っているようで、おもしろい。建築では、その内容を建築家が決めることは、まずない。たとえば、この土地に、こんな考えにもとづく美術館をつくる。そんな内容を決めるのは、たいていの場合、建築家ではなく、クライアントだ。建築家は、それを所与として、設計を進める。そしてできあがった建築が、仮にその前提や要望のまずさから不満足な結果になっても、それを言い訳にすることはできない。逆に言えば、奇抜な土地での、奇想天外な使われ方のおかげで、前代未聞の建築ができあがったとしても、それだけでは名建築とはならない。

では、建築の良し悪しはどこにあるのか。それは、内容そのものではなく、その内容を具体化する仕方にある。つまり、そこで想定されたコトやモノを容れる器の出来にある。

では、その出来とはなにを指すか。内容をいかに上手にすくいとったかにある、だろうか。いや、それだと技術の問題にすぎない。建築家という人種はどうにも傲慢なもので、「技術」のような、ただ鍛錬を積むことで獲得できそうなこと、上手下手で言えるようなこと以上を、ついつい求める。それで、空間の質、などと言う。質だから、その実体は捉えがたい。いわば、香水の香りのようなもの、と言ったら、少しはイメージが伝わるだろうか。
芥川は、この香りのことを「詩的精神」と言い換えた。あるいは「最も広い意味の抒情詩」とも言った。それでもわかりにくいから、絵画を引き合いに出す。「デッサンのない画《え》は成り立たない」が、「デッサンよりも色彩に生命を託した画《え》」があるではないか、という具合にだ。そうして、志賀直哉の作品で「そこに独特の色彩を与えるもの」が、詩的精神なのだ、と言う。香りといい、色彩といい、それは実体のない状態、空気のようなもの。これが文学の本質という感覚、建築家にはよくわかる。

ところで、この芥川に反論したのが谷崎潤一郎で、両者の間に論争が起きたことは、つとに有名な話。とはいえ、谷崎にとっても、「話」とは、その題材そのもの（「材料」）にあるのではなく、その内容の具体化する仕方（「組み立て」）の方にあった。ただ、材料がなければ、そもそも組み立てもありえず、「「話」らしい話のない」はあっても、材料があることには変わらない。だからこの論争、本質的には、材料のあるなしではなく、材料の生かし方にあった。

違いは、そこに、芥川は詩的精神を見、谷崎は「いろいろ入り組んだ話の筋を幾何学的に組み立てる」力量、つまり「構造的美観」を見ていたことにある。そこがぶつかった。

谷崎は、この構造的美観を「建築的美観」と言い換えた。それを生むには「肉体的力量」がいる、とも言った。たしかに、「土台がアヤフヤで、歪んだり曲がったり」していては困る。ここには、「物が層々累々と積み上げられた感じ」つまり構成美を求める、いわばマッチョな建築観がある。そんな谷崎には、「芥川君の詩的精神云々の意味がよく分からない」のだった。

今でも多くの人は、建築家も含めて、谷崎的建築観に立っている。しかし、芥川的建築観もあっていいのではないか。構造がないような、あるいはありきたりの素朴な構造の、あるいは構造が壊れてしまっているようにも見える建築もあっていいのではないか。なぜなら、一つの原理に収斂させ、完結させる意思ではなく、多くの異なる原理をそのままに共存させる知恵が、今、必要ではないかと考えるからだ。

そう考えるとき、ある種の文学が勇気づけてくれる。今思えば、そんな文学を集めたのが『建築文学傑作選』だったような気がする。その意味で、この選集は、文学に仮託した建築論、とも言えるかもしれない。

4　様相が内部空間の構成を食い破るとき　村野藤吾の現代性

1　装飾とはなにか

村野藤吾の作品を見ると、「装飾」という言葉が浮かんできます。と言っても、彼の作品が表面的で非本質的だ、ということではありません。むしろ、そこには、ぼくたちが普通、建築を、本体と表面なり本質と非本質とに分けて感じている、その感覚のもとにあるものが、本当に正当なものなのかどうか、そういうことを問いかける力が漲っている、というように感じられるのです。装飾ということの、じつに根本のところでの疑問が、ふつふつと湧いてくるのです。

この疑問は、「インテリア」について、ときに思うことにも似ています。ぼくが学生だった頃、「それは建築ではなく、インテリアだ」と言えば、「本質的なところに辿りついていないうわっつらな設計」ということでした。でも、言うまでもなく、本質的でない建築は多々あり、うわっつらでないインテリア・デザインも多々あるわけです。

もちろん、建築とインテリア・デザインになんの違いもない、というつもりはありません。インテリア・デザインというのは、既存の軀体があって、その軀体を基本的には壊さずに、その内側に手を施したもの、ということでしょう。インテリア・デザインというものがあれば、きっとエクステリア・デザインというものもあるはずで、それは、既存の躯体があって、その躯体を基本的には壊さずに、その外側に手を施したもの、ということでしょう。そして、それら「表層」のデザインに対して、建築とは、躯体も含め、全部を考案したもののことです。つまり、手を施した範囲の違いがあります。揺るがしがたい空間的枠組みにまで及ぶものが建築で、その枠組みには手を触れず、そのなかで「ミテクレ」を築くのが、インテリア・デザインやエクステリア・デザイン、あるいはまとめて「装飾」、ということなのでしょう。

でも、考えてみれば、建築だって、敷地の形とか周辺環境とか、そういう揺るがしがたい空間的枠組みを前提としていて、そのなかでの改装、というか改変を行なうものが普通であるわけです。つまり、建築だって、インテリアやエクステリアのデザイン同様、なんらかの揺るがしがたいものがそこにあることを前提としているわけですね。だから、その差は、相対的なものにすぎません。なのに、ぼくたちの感覚のなかでは、建築とインテリア・デザインとの間には歴然とした区別がある。これは、考えてみれば、変なものです。

ぼくが、そんな疑問を持つようになったのは、一九九八年、《ルイ・ヴィトン名古屋栄店》の設計をはじめたときのことでした。この計画は、更地に新築としてつくるというものでしたし、その内部空間の構成や、場合によっては、お店の内装も含めて設計することもできるものでした。でも、こういうお店は、だいたい、五年くらいで全面改装されるものだ、と聞いていましたから、もし現時点の要望にあまりにぴったりに仕立ててしまったら、逆に後々、扱いにくいものになってしまうだろう、と思いました。それで、内部空間は、できるかぎり、癖のないシンプルなものにすることにしました。ぼくたちは、ある意味で、内部空間に創意工夫を注ぐことをやめて、躯体と外装のデザインに意を注ぐことにしたわけです。理屈で考えれば、こういう目標の立て方は、今振り返っても、正しいことでした。でも、当時のぼくの気分としては、じつに居心地が悪かった。自分で選んだこととはいえ、内部空間に手を出せなかったからです。

ぼくにとっては、内部空間の、今までになかった新しい構成を考え出すことは、設計のなかでも、もっとも楽しいことでした。外装のデザインは、外から見る人に、その構成が間違いなく伝わることを目標にしていました。外装は内部空間の構成に従う、という感じですね。内部空間の構成が、建築の本質。そういうぼくでしたから、内部空間を棚上げにして、改まって、さて外装はどうするか、となって、正直、どう考え進めていいのか、その糸口さえ見失ってしまったような感じででした。内部空間と縁が切れた外装というのは、つまり、包装紙です。当時のぼくにとっては、包装紙のデザインは趣味・感覚の領域で、思考・理屈の領域ではありませんでした。

結果を言えば、ぼくは、この建物で、それが包装紙でないことを語る包装紙、とでも言っていいような外装をつくろうとしました。つまり、包装紙の裏側に、架空の内部空間を現象させようとしました。そして、このとき、ぼくは、真実の本体とミテクレの表面という構図では捉えられない、ワクワクする領域がその先にあるような気がしたのでした。

2　装飾の破れから見えるもの

村野藤吾の建築には、そういう領域にすでに突き抜けてしまっているような感があります。たとえば、今は目黒区役所として使われている《旧千代田生命保険本社ビル》。これは、普通の意味で言って、まるで「装飾的」ではありません。虚飾を排した、堂々たる風貌を持っています。表面に、装飾が施されているわけでもありません。でももし、これを装飾的と形容することが許されるとすれば、それは、この建物の外装に、その内部空間の構成や全体の配置レイアウトを明確に伝えることを越えて、過剰な自己主張があるからです。

高低差のある土地に、高さの異なる複数のキュービックな建物を巧みに配しています。そして、その建物群の外装すべてに共通して、アルキャストの縦ルーバーが施されています。アルキャストは、一階分の高さを持つもので、けっして小さくありません。というよりも、現地に立てば、その大きさに圧倒されます。でも、それが複数の建物にまたがって、かなりのスケールで広がっているために、巨大な三次元要素の集合というよりも、全体として一つの繊細なテクスチュアになっているように感じられます。立体なのに、平面に見えること、いや、それ以上に、そうした二つの相反する見えが共存してしまっていること、そういうところが、この外装の過剰さなのです。

外装はほぼ、このアルキャストの壁面とテッセラの壁面の二種類からできています。その二つの面が出会うところで、テッセラの壁面が湾曲して、そこにアルキャストが絡んでいます。これ

エントランス柱

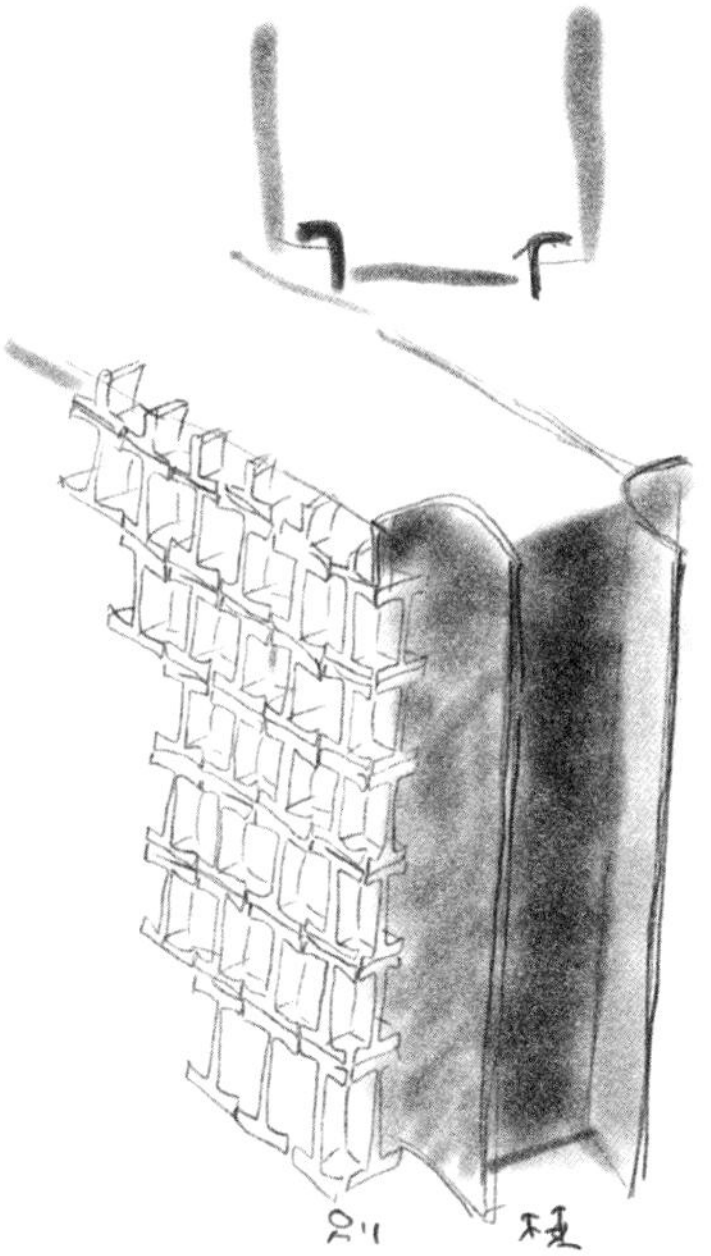
列 柱

は、その建物が清楚なキュービックな形状をしているということと、まるで矛盾する見えです。量塊性ではなく、面と面の気ままな戯れに見えます。そういうことが、もっとも量塊性で大切に取り扱われるべきコーナーで、わざわざ、行なわれているのです。

コーナーと言えば、駒沢通り側の正面玄関キャノピーの端部の納まりも、不思議です。その独特の丸みを、もちろん、「村野流」と言うことは簡単です。でも、本当に不思議なことは、なぜ、全体構成としては、けっして一次的要素ではなく、二次的要素であるはずのこの庇を、視覚的に消す方向でデザインするのではなく、逆に視覚的に強調する方向に持っていったか、ということです。この建物には、じつに明確な内部空間の構成が与えられながら、見えのレベルでそれが表現されていない、というどころか、わざわざその表現を裏切るところがあるのです。

ぼくは、そういう村野藤吾の作品に戸惑いながらも、建築の様相が、内部空間の構成を食い破って、様相が自律した価値を持ちだしていく、その瞬間に幻惑されます。

なにごとにも、それを成り立たせている本質と言っていいものがあるでしょう。近代以降の建築では、それは内部空間の構成だった、とぼくは思っています。そこでは、内部空間の構成が方程式のような役割を果たしていました。建築には、相当数の変数が含まれます。たとえば、仕上げは、クライアントの趣味次第という意味で、方程式ではなく、変数でしょう。建設コストにしても、いつもできるかぎりのローコストというわけではないのですから、変数ですね。どの建築にも、多くの変数があって、それが結果に反映されます。つまり、建築には、「たまたま○○が

××だったからこうなった」というところが多々あるわけです。そういうところから、そういう偶然を外して、その建築に内在する核を取りだそうとすれば、それはどうしても方程式的なあり方にならざるをえないわけです。そうして、その方程式の姿を、なるべく純粋な形で見せることを、近代の精神は求めてきました。つまり、内部空間の構成を、その建築から、すぐに見てとれることを求めてきました。

しかし、もっと正確に言うならば、話は逆で、視覚的になるべく純粋な形で見せることができる方程式として、近代以降の建築は、内部空間の構成を重視して、それを選択したのではないか、というふうに、ぼくは訝るのです。というのも、視覚的に一瞬で捉えられる方程式以外にも、建築にはいろいろな方程式がありえるだろうし、その一つが様相レベルでの方程式でありえるだろうからです。

ぼくが、今、村野藤吾に惹かれるのは、このあたりの事情です。

5　キャンパスノートの使い方

1　コクヨのキャンパスノート

この本（『青木淳ノートブック』）は、ぼくの「ノート」をそのまま収録したものだ。期間としては、一九九二年四月一日から二〇一二年一一月二二日までのほぼ二〇年にわたり、冊数としてはvol.01からvol.104までの一〇四冊にのぼる。使っているのは、最初からずっと変わらずコクヨのキャンパスノート普通横罫A4だが、ノートの方でデザインの変遷がある。最初のノートが一九九一年に改訂された「キャンパスノート三代目」で、途中vol.053で「四代目」に変わり、vol.103でとうとう「五代目」に変わった。Vol.104も新しいデザインに見えるかもしれないが、これは事務所の二〇周年を記念してつくられたオリジナルノート。代々のスタッフたちが、すでに店頭から消えてしまっていた「四代目」のノートを走りまわって買い集め、その表紙に金の印刷、小口にも金を施し、皆に一冊ずつ配ってくれた。

さて、ぼくのこの「ノート」は、いわゆる「建築家のスケッチブック」というような類のかっこいいものではなく、そこになんでもかんでも書き込んでいく、いわば雑記帳のようなものだ。

人の話のメモをとる。思いついた案をスタッフに説明するために殴り描きをする。お金の計算をする。乗ろうと思う電車の時刻を書いておく。今見た建物の悪口を書いておく。つまり、ノートというよりメモ用紙。それがバラバラの紙でなく綴じられている紙に書かれているので、後でページを繰ってみると、話題があちこちに飛んでいるように見える。なんだか、ごった煮みたい。まあ、だからこそ、ごくごく気軽に書ける。いや、あまりに気軽すぎて、読み返して自分でも判読できないくらい字がきたなく、じつに恥ずかしい。

ともかく、ぼくは、コクヨ・キャンパスノートをいつもカバンに入れて持ち歩いている。

こういうノートを使うようになる前は、ぼくも気取って、Time/systemというシステム手帳を使っていた。いろいろなフォーマットのシートをバインダーに入れておいて、その時々で適切なフォーマットを選んで記入し、後で分類整理する、という素敵な文房具だ。でも、ぼくはどうにもうまく使えこなせなかった。まず、シートのサイズがちょっと小さすぎて、スケッチを描こうにも、几帳面にならともかく、気兼ねなくとまではいかない。また、フォーマットの種類がありすぎて、使おうと思うたびに、どれを使えばいいか迷ってしまう。つまり、フォーマットに意識が向きすぎて、ついつい書く内容の方をフォーマットに合わせようとして気を使ってしまい、それで、メモをとるのが億劫になってしまう。そしてなにより、分類ということ自体が難しい。一枚一枚それぞれがきれいに分類できればいいけれど、二つの分類にまたがる場合も多々出てくる。それで分類は後回しと、とりあえずバインダーから外す。どんどん、バラバラのシートが溜まっていき、いつしか散逸してしまう。

そんな一九九二年の三月、突然、ばらせない綴じた普通のA4のノートを使えばいいのではないか、と思いついた。A4だから大きさは十分。ばらせないから散逸しない。普通のノートだから、気負わず使える。どこでも手に入る。たしかにプロジェクトごとに分類できない。でも、時系列は狂わない。なんと単純な解決！　というわけで、さっそく、近くの町の文房具屋さんに走った。以来、この方法が今現在に至るまで続いている。よほどぼくの質にあっているのだと思う。

2　試行錯誤の場としてのノート

このノート、主にアトリエ内でスタッフと打合せをしているときに使う。分量として、それが四分の三を超える。

その感じをわかってもらうために、ぼくの仕事の仕方を少し説明しておくならば、ぼくの場合は一人になって案を考えるということがあまりない。たいていは、スタッフを前にして考えたりスタディしたりする。

もっと具体的に言うなら、アトリエに行って、まず自分の机につく。それから、さて今日はなにをしようかな、と考え、よし、あれをやろうと思いついて、そのプロジェクトの担当スタッフに声をかけて、打合せコーナーに行って、向かい合って座る。座るまでは、そのプロジェクトのことをあまり考えていない。出たとこ勝負。仮にその前日に、同じプロジェクトの打合せをしていても、そのときの結論を忘れてしまっていることが多い。目の前に、模型や図面が置かれる。それを新鮮な目で見る。そして、たいていの場合、良くないな、と思う。それが、その日の打合せの出発点になる。その良くない案のたいていは、ぼくが前回の打合せで「この方向で」と結論を出したその方向の案なのだけれど。

まず悩む。ぼくも悩めば、スタッフも悩む。困ったなあ、どうしてうまくいかないのかなあ、どうしたらいいのかなあ。模型や図面を睨みながら、そんなもやもやが頭のなかにどんどん充満していって、そしてそれはつまりは物事が言葉に分化しない状態なので、ずっと黙ったままになる。時間を忘れる。傍から見ると、ずっと無言なので、「無言の行」でもしているように見えるかもしれない。でも、実は、本人にはこれがけっこうな快感で、こんなとき良かれと思って、なにか話題を提供する人もいるけれど、それはまったくの間違い。

ともかく、そんな混沌とした気持ちのなかをそろりそろりと潜っていく。すると、いつしか底をつく。底をつけば、ちょっと光が見えてくる。いや、そう錯覚する。それで、ノートを開く。えーと、こうかな、それともこういうことかな、と、とりあえず、描いてみる。いや違う、では、こうか、それとも。

その間、担当スタッフも同じことをしている。やっぱり、しゃべらない。とくに、ぼくと同じノートを使うように、と言ってあるわけではないけれど、いつの間にか、ぼくのアトリエにはこのノートが常備されているようになっていて、彼ら彼女らもそれを使って、そこになにやら描いている。

そのうちに、ぼくなりスタッフなりが、これならいけるんじゃなかろうか、という案というか、少なくとも案の方向性を見つけたような気分になる。それで、相手に説明する。これはボスのぼくにとってもかなり緊張する瞬間だから、スタッフにとってはなおさらのことだと思う。説明しながら、自分のノートに図を描く。反応を待つ。理想の反応は「これだね!」だけれど、なかなかそうはいかない。それで、さらに図を描く。説明を重ねる。それでも反応が芳しくなければ話しあう。ピンとこない理由がわかっていれば、それを話す。意見が違えば、ときに議論する(この本に寄稿してくれている高橋堅さんは、歴代スタッフのなかで、間違いなく、もっとも反論・批判が激しかった人である)。話しあいにならずに、黙ってしまうことも多い。黙ってしまうのは、たいていは、言葉にするまでもなく駄目という場合か、理由はわからないけれど、良くないな、と思うとき。つまり、その日の打合せの出発点と同じ状況に舞い戻っているときだ。

それで、また悩む。そして、案らしきものを思いつく。相手に説明する。それを、その日の「これだ!」、少なくとも「これ! かな?」に辿りつくまで繰り返す。それで打合せの終了。

その後、担当スタッフはぼくと別れて、その方向性にもとづいてスタディを続け、それを図面化し模型化する。またそのスタディの過程で、もっと良い方向を見つけたら(そしてぼくはそれを期待しているのだけれど)、その方向で別案をつくる。

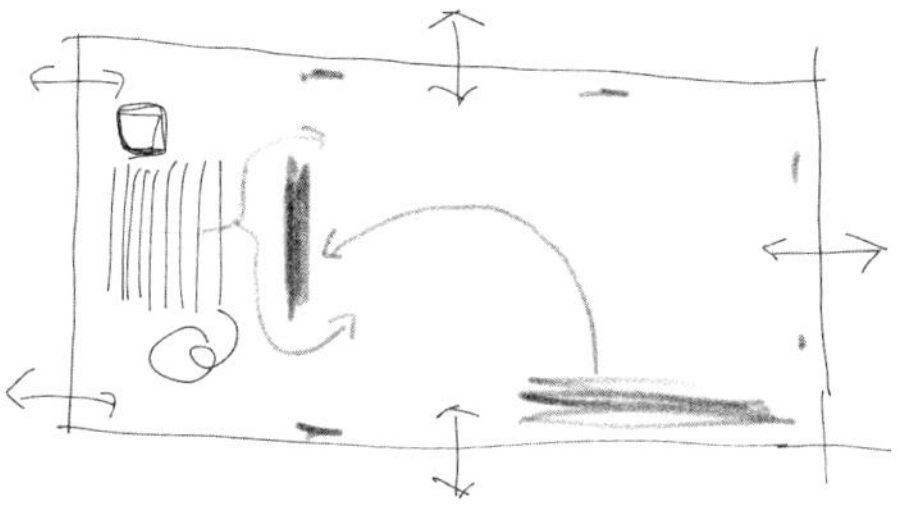

スタッフは、基本的に一つのプロジェクトしか担当しない。四六時中、一つのことばかり考えている。その分、プロジェクトに奥深くまでのめりこむことになり、設計の密度が上がる。その反面、案を客観的に捉えにくくなる。

一方、ぼくの方は一つのプロジェクトの打合せが終わったら、続いて次のプロジェクトの打合せに入る。そうこうしているうちに、先の打合せの結論を忘れてしまう。でもその代わり、ぼくはスタッフと違って、次の打合せのときに、新鮮な目で案を眺めることができる。

打合せのたびに、出発点から案を眺め直す。そのサイクルの幾度もの反芻を経て、次第に一つのプロジェクトの進むべき基本路線が固まってくる。

こういう過程を踏んでいるので、基本路線が固まってくる間に、ぼくとスタッフの間で、基本路線の形式的な面だけでなく、その内容が意味していることが自然に共有されていく。つまり、暗黙のルールも含めて共有されていく。そして、そこからのデザインの詰めは、デザインの問題というより技術の問題――人が生まれ持った才能というのではなく、努力によって習得できるもの――だと思うので、おおむねスタッフに任せる。つまり、放っておく。建物の設計だったら、そこに予算内に設計内容を収めること、法律を守ること、スケジュールに合わせることなどの、やはり技術的な側面が加わる。それらもまた、おいおい自分で仕事をするときに最低限必要な技術なので、スタッフには自力で習得してもらう。

そんなわけで、この時期のノートは、内部打合せの頻度がずっと減っているだけでなく、内部打合せをしても、途中過程の図面の上でのスケッチや、模型や材料サンプルを見ての議論が主になるので、ずいぶん少なくなる。

3　ノートをいったん閉じて

さて、予算に収まって、建築確認申請が通って、施工会社が決まって、現場に入る。というところで、ぼくは、ようやくそのプロジェクトの最終的な設計を行なえる土俵に上って、そろそろ本腰を入れてデザインをはじめる時期になった、と感じる。これは役所からすれば、あるいは日本外の成熟した契約社会を持った国の常識からすれば、誤った感覚かもしれない。でも、しかたない、というのが、ぼくの正直な気持ち。というのも、これまでぼくには予算は案次第というような恵まれた機会はなかったし、しかも同じ設計でもその工事費が受託する施工会社によって異なっているし、また施工会社によって、できることとできないことの範囲も違うからだ。まずは予算に合わなければその後がないし、施工してくれる人たちの顔が見えなければ、本気の打合せにはならない。

建築には、いや、ほかのどんなものでもそうだけど、いっぱい制約がある。建築は敷地からはみ出して人の土地につくってはいけないし、建築は使う人が喜んで使ってくれるものでなければならないし、ともかく、そのプロジェクトを成立させるための前提となる多々の枠組みがある。

そして、その枠組みをはっきりと見据えることができてはじめて、ぼくたちは落ち着いてデザインを行なうことができる。この内容でならこの金額でこの期間で完成させます、と約束してくれる施工者の存在も、そういう枠組みのしかも重要なピースで、その最後のピースがはまって枠組みが完成して、ようやく本当のデザインがはじまる、とぼくは感じるのである。

それで施工会社が決まって、もう一度、頭を白紙に戻して、図面を見て、じっと考える。このプロジェクトはいったいどんなことを目標にしたものなのか、と。設計の基本路線が決まったときには、その目標ははっきりと見えていた。でも、その後、設計が進むなかで、新たな条件が次々と加わってきた。基本的には、それに呼応して目標を調整し立て直す。でも完全には追いつけない。純粋で透明だった目標がだんだんと濁り曇ってくる。だから、枠組みが完成したところで、もう一度客観的に全貌をつかんで、これから進むべき進路を改めて見極める。とはいえ、枠組みはすでにずいぶんと狭まっている。外的条件によって、また自分たち自身が描いた図面という内的条件によって。

駱駝が針の穴を通るほどに狭い進路なのかもしれない。いくつかのところで、矛盾はおそらく解消できないだろう。それでも、となれば、普通の意味での矛盾を内包できる論理を構築しなければならない。別の言い方をすれば、論理の次元を一つ上げて、メタレベルで物事を見なければならない。そして、その結果、残念ながら、建築はパッと見て一言で言いつくせない「わかりにくい」ものになっていく。

「わかりにくい」建築の逆は「わかりやすい」建築だ。ルイ・ヴィトンのための一連の仕事、ハイアット・リージェンシー大阪の《白い教会》など、ぼくにも「わかりやすい」建築が少なからずある。そういう建築では、その成り立ちからして、空間のめざすべき第一の目標がはっきりしている。残りの無数の目標がすべてきれいに、その第一の目標の傘下に入っている。だから、設計が進んでも、最後までぶれない。結果として自然に、ストレートな建築ができあがる。

ぼくも、できるかぎり「わかりやすい」ものにしたいと思う。わざわざ晦渋にしたり見せたりする必要もない。単純に割り切れるなら、その方がいい。だけれど、「わかりやすい」か「わかりにくい」かは、建築の良し悪しとはまた別の話だ。

建築に求められていることが、最初からはっきりとしているなら、建築は「わかりやすく」なる。言葉と一対一対応する。つまり記号になる。それに対して、求められていることが流動的で、できあがった後も未確定な方向に活動が膨らんでいくことが望まれているなら、建築は言葉で割り切れない。記号としては機能しない。つまり、「わかりにくく」なる。

変化しつづけていくものには終点＝結論がない。目標はいつまでも確定しない。結論が留保される。その確定しないことのまま、どう建築をつくればいいのか。そういうケースでは、その問題に的確な解答を出せたものが「いい建築」ということになる。

「わかりやすい」建築を必要とするのは、広い意味での「商業建築」であり、それ以外の多くの建築にとって、「わかりやすさ」はけっして最重要のテーマではない。

だからぼくの場合、基本的に明快さを求める方向にありながら、かならずしも明快さの実現が目標にはなっていない。むしろ、とらえどころなく、膨らみ流動化するその建築の中身と測りあえるだけの論理を持った建築をつくろうと考えていることが多い。

ともかく、「建築」はまず建築家の内部に懐胎する。そして、模型なり図面なりバーチャルな構想としての世界のなかで、それぞれの器官に十分に分化し成長する。そしてそれから後にようやく、この現実世界のなかに誕生する。こうなって、建築は建築家の手を離れ、さまざまな人びとのなかで、それ固有の人生を辿りはじめる。現場というのは、建築の誕生、つまり建築が間もなくとりあえず一定の物理的状態が完成してしまう、その最後の局面に相当する。そして、それは建築家にとって、生まれてくる建築の初期設定を見直せる最後の機会にあたる。

だからこの時期、ぼくたちがいちばん懸案とするのは、どうやったら懐胎した当時の純粋な着想に近づけるか、ということではなく、間もなく訪れる誕生後、その建築がはたしてしっかりと生きていけるのかどうか、ということだ。そのために、そのつど出くわす新たな問題に対して、それを懐胎したての着想に無理やり従わせるのではなく、できるかぎりその固有の問題として誠実にコツコツと対応する。そういうなかで、我慢強く、最初期の着想に手も加える。着想を鍛錬する。

そんなわけで、ノートに記されるのは、この時期も多くはない。

4 建築が生まれるところ

こうして、一つの建築が着想され、それが誕生し、ぼくの手を離れるまでの過程を見渡してみれば、このノートに残された絵や図の内容が、構想のほぼ出発点に近いところに偏っていることがわかる。いや、その構想を進めるときの主たる道具だってノートではない。それは模型であり図面であり、構想の多くの時間は、模型を試しに切ったり貼ったりすることや、描かれた図面の上に鉛筆を走らせることに割かれている。ノートに描き残されているのは、スタッフとのそんな共同作業に際しての、試行錯誤やコミュニケーションの痕跡だ。構想そのものではない。

だから、このノートが記録しているのは、構想時に、うたかたの思いが一つ浮かび、消えていく、その様である。まだ形にならず、覚束ない筆致で記される、いわばイメージ未満のものたち。それらが、さまざまなプロジェクトを跨いで、連綿とつらなっている。自分では頭を切り替えたつもりでも、先に考えたことが次に影響を与える。一度考えたことが忘れた頃にまた顔を出す。ページごとに見える景色は時々刻々変化するけれど、大きく見れば、風景のいわば匂いは連続している。連続しながら、いつの間にか、ゆっくりと、変質していっている。

第2部 東日本大震災

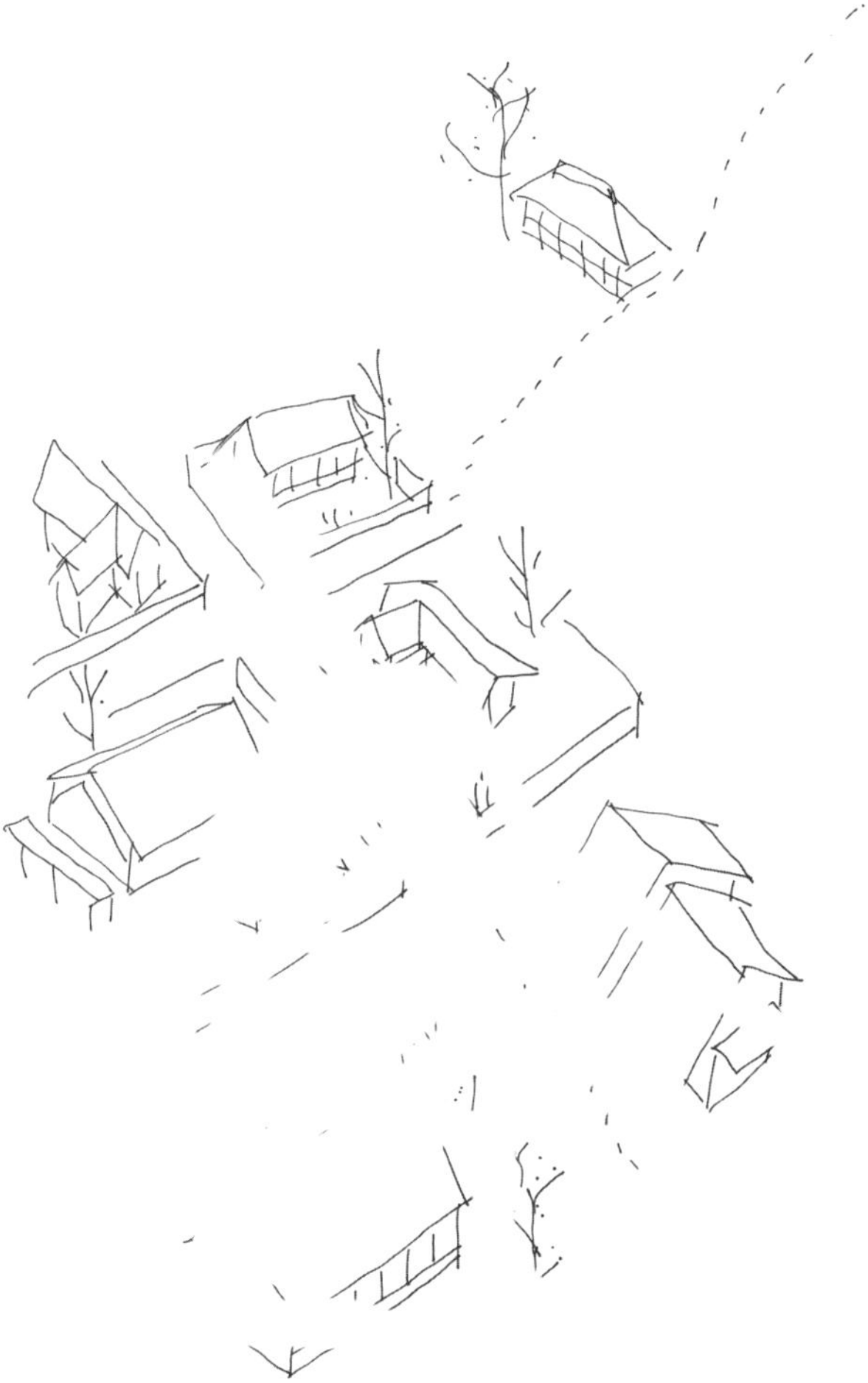

今日はちょうど東日本大震災から七年目。

発生から二か月ほど経った頃、南三陸町の長清水《ながしず》を訪れ、その復興計画に協力しようとしたものの、結果的には、具体的な復興活動には関われなかった。津波の被害と復興整備事業で、地形さえ完膚なきまでに変わり果てようとしている別の町で、新しく建設される小学校を、単なる教育施設としてではなく、かつて海の向こうに見える頂を精神的な拠り所としてきたその町の寺社が担ってきた役割で再定義しようとしたプロポーザル案は、要項が前提としている考えとは異なっていたので、当然のことながら落選した。つまり、関わった復興計画は、具体的にはない。

とはいえ、東日本大震災は、自分の考えや感じ方に対して、一つの力となって働いて、リアクションを引き起こしたし、また今でも引き起こしている。

「災害は起きるかもしれない」ではなく、「災害は起きる」。起きることを前提として、イメージして、建築や都市や環境はつくられなければならない、というのは、そのなかでもっとも直裁なリアクションだ。一九九五年の阪神・淡路大震災のときも、被災地を訪れて東京に帰ってきたら、東京のビルがどれも、実の正体は瓦礫なのになんとか無事をとりつくろっているように見えて仕方がなかった。ましてや現在は、実際にすでに「壊れている」状況なのだから、その状況を透かし見ながら、物事を考えなくてはいけない。

その一方で、つくるということは、表現行為ではなく、その行ないそのものだ、という気持ちを押したのも東日本大震災だった。表現という言葉には、それに先行して「表現されるべきもの」と「表現する主体」があることが含意されている。「表現されるべきもの」とはコンセプトであり、「表現する主体」とは建築であり、建築家だ。しかし本当にそうか。

東日本大震災はそんな疑問を突きつけたのだった。

1　震災の日のこと

――三月一一日(金)、地震があった時、青木さんはどちらで、どのように過ごしていたのでしょうか。

東京の事務所にいました。自分の机のかたわらで、その日に届いていた手紙を開封していたら、揺れがはじまって、それがどんどん大きくなっていって、本棚の上に載せていた箱は落ちてくるし、本や模型は棚から飛び出し、床に散乱しました。八階建ての七階にあるので、そもそも地震のときは揺れが大きいのですが、今回の揺れは特別でした。揺れがようやく収まって、事務所のスタッフたちと下に降りて、道路で一時間ほど、呆然としていました。

――この被害をご覧になって、率直にどう思われましたか。

だんだんわかってくる被災の大きさに言葉もありません。

――青木さんは、青森に美術館を建てられたり、東北に思い入れもあると思いますが、今後、復興に関して、建築家として取り組んでいきたいことはありますでしょうか。

まずは人命を救うことが緊急を要することであって、「建築家としてできること」は、その後だと思います。地震によって損壊しないように新しい建物をつくったり、損壊しかねない古い建物を耐震補強していくということについては、もちろん、この大震災があったからというのではなく、建築家なら誰しも、これまでもやってきたことだし、これからもやっていくことでしょう。ただ、今回は、建築家がどんなに頑丈に建物をつくったとしても、太刀打ちできないことも多かった。たとえば、津波です。津波がもたらした被害は、一つひとつの建物ではどうしようもありません。どこに町をつくればいいのか、またどういうインフラが必要なのか、というような、建築よりもっとずっと大きな都市計画的レベルの被災でした。

——たしかに、津波の被害で、まったくなくなってしまった町があります。

まずは、日常の生活に戻って生活を立て直す、という一刻を争う問題がある一方で、同じような災害に二度と遭わないですむような安全な町をつくるという、一朝一夕ではできない長丁場の問題があります。反対の方向を向いたこの二つのことを両立させながら、復興を進めていくのはたいへんなことだと思います。ぼくの場合は、建築家としての立場で参加できそうなのは後者の方です。新しい町を一からつくっていくなかで、物理的な安全面だけでなく、どう精神的な安全をつくっていけるか、それに関わることです。

――まっさらになってしまった土地に、何か新しいアイディアはありますか。

津波で全滅した町であっても、住んでいたところに戻りたいというのは被災された方々にとって当然のお気持ちだと思います。でも、津波の被害を受けた低い土地を、再び住居などの生活の場として復興していくのがいいのかどうか、疑問にも思います。平らな低地ではなく、高台や斜面に沿っての土地を新しい生活圏とする、今までなかった町のつくり方もできるはずで、そのうえで、水没する可能性のある場所として、低地のあり方を探っていくという道もあるように思います。そんな町づくりは、実験的な試みかもしれませんが、かつて自然発生的に町ができたときとは、現代は違う前提に立っていると思います。被害に遭われた低地を、拙速に、うわべだけとりつくろうことは避けなければなりません。

――具体的に、被災地でやっていくと決められたことがありましたら、教えてください。

まだ、具体的なことはなにも決まっていません。

――震災を受けて、建築という分野における「教訓」はありましたでしょうか。

建築のなかでも、構造設計に携わっている人、環境設計に関わっている人など、拠って立つ場所でずいぶん違う「教訓」になっていると思います。そのなかで、デザインという立場で仕事をしているぼくにとっては、まさにデザインというものの意味に関わる部分での「教訓」を感じます。デザインと言うと、他の人と違うものをいかにつくるかとか、あるいはその人固有の個性の表現をどう開発するかとか、つまり演劇的な非日常性を競っているところがあります。でも、こういういわば「商業的」な意味でのデザインは、今回の震災が起きた瞬間、もうどうでもいいものになってしまいました。おそらく、デザインというものは、ぼくたちの日常に関わるものですし、その日常をどのようなものとしてつくっていくかに寄与するものなんです。これは、当然と言えばそれまでの意見ですけれど、ぼくたちはそれをすぐ忘れてしまう。

――「青木淳×杉戸洋　はっぱとはらっぱ」展（青森県立美術館）は中止になってしまいましたが、今、「建築」や「アート」ができることは何だと思いますか。

日常の退屈から逃れるための演出ではなく、日常そのものをつくっていくことだと思います。たとえば、お金をいっぱいかけて設営をして、いっぱいの人がそれを見に来て、終わったら廃棄処分する、というような展覧会のあり方ではなく、今そこにある美術館という環境を、ほんのわずかでも、もっといいものにしてみるということを指して展覧会と呼んでみる、とか。実際、杉戸さんと一緒にやろうとしていたことは、そんな展覧会でした。

――そういうことを震災の前から考えていたのですか。

はっきりと意識してのことではありません。たとえば、《青森県立美術館》は、普通デザインという言葉で想像するような意味での「かっこいいデザイン」とはぜんぜん違うものです。むしろ、そういうデザインが壊れてしまっているような感じです。でもそれは、デザインというものに反抗したかったからではなく、壊れてしまっているネガティブなもののすぐ裏側にポジティブなものが透いて見える、そういうあり方としての日常をつくりだしたかったからだった、というのは、今回の震災で、かなりはっきりと意識できたことです。

――青木さんの生み出すものに、今後、今回の震災は何か影響すると思いますか。

はい。それがどういうかたちで影響するのかは、まだわかりませんけれど、世の中が違って見えるようになっただけでなく、違っていってほしいと思います。

2　自分たちで環境をつくる

とくに津波によって、町そのものが失われた地域では、これからの町の基盤をどうするか、決めるところから、まず復興をはじめなければなりません。そして、その決定の主体は、その町に生活してきた人びと自身であるべきだと思っています。いつの間にか、誰かが、どこか他のところでつくった計画が突然発表され、有無を言わさず、それが実現されていくというのは、とても哀しいことです。

だとすれば、被災地の人びとは、行政サイドが計画をまとめるより前に、自分たちの環境に対する思いを話しあい、まとめ、それを行政サイドに伝えなければなりません。少なくとも、行政サイドから発表されるかもしれない計画に対して有効な議論ができるまでに、自分たちの環境についての考えを実際的なレベルまで磨きあげておかなければなりません。そして、いざというときのために、相談できる人たちのネットワークを築かなければなりません。

今日は五月一一日。災害がはじまってからちょうど二か月目です。被災地の多くでは、まだ復興の緒にさえ手がつかず、多くの方が避難所で不安な毎日を過ごされているのではないでしょうか。まだとても、これからのことを考えられるような精神状態ではないかもしれません。

でも、どこかの地域で、もしわずかでも、自分たちが生活する環境を人任せにするのではなく、自分たちで考えていこうという機運があれば、そのために、ぼくはそこでなにか役立てることをしたい、と思っています。ぼくたちは、自分たちの力で自分たちを取り囲む環境をつくる、また変えることができる。ぼくが建築家としてやろうとしていることはそういうことなのだと、この震災で改めて考えています。

3　長清水のこと

長清水《ながしず》は、南三陸町の、小さな入り江を臨む三八戸の小さな漁村です。

ここも、三陸の多くの集落と同様に、ほとんどの住戸が津波で流されるという壊滅的な被害を受けました。

亡くなった方もいました。

入り江の脇は高台になっていて、そこに民宿「ながしず荘」が建っています。

その「ながしず荘」は、かろうじて津波に呑まれませんでした。そのおかげで、震災後、そこに、この集落の方々をはじめ、多くの方々が避難することになりました。青木事務所のスタッフ何人かが、「ながしず荘」に伺ったのは、ゴールデンウィークのときでした。それから遅れて二週間後、西澤徹夫さんやぼくも伺いました。

この集落では、遠くで避難所生活を送っている方々も含めて、皆が集まって、自分たちの集落を再建することを決めました。また、津波の被害を受けた低地は危険なので、高台を切り開いて、そこに新しい町をつくることも決めました。

ぼくたちが「すごいな」と心から感じ入ったのは、集落の方々が受動的に「上」からの助けを待っているのではなく、自らが考え、自らが主体となって、町を再建しようとしていることでした。震災直後、かなり早い時期に仮設の上水を敷けたのも、集落の方々が、行政の判断を待ってではなく、まずは動いたからでした。

住民と行政の間のこの関係は、今までいくつかの公共建築の設計に携わってきたことのあるぼくにとって、正直、ショッキングなものでした。というのも、ぼくには、今まで、住民と行政の間にはいつも相互に不信感があるように思えてならなかったからです。

住民は、自分たちに代わって、行政が住民たちのためのことを考え、それを実行に移すべきだと考えています。でも、その行政がやることはいつも信用できない、と思っているようでした。行政は、自分たちこそ、住民全体のことを考え施策を練っていると考えています。でも、住民に意見を聞けば、いつも身勝手なことを主張するから、できるかぎり意見を聞くのを避けたいと思っているようでした。

ところが、この集落では、住民は、自分たちこそ、自分たちのためのことを考え、それを実行に移すべきだと考えています。そして、そうすれば、行政はそれをサポートしてくれるだろう、と信じているようなのです。

理想的な住民と行政の関係、と思いました。

誰かに代わりにやってもらうのではなく、まず自分たちがやってみる。

そういう場所です。

そこで求められていることは、誰かが、そこに住んできた人に代わって、これからの生活の場を第三者的に「提案」するということではない、と思いました。そうではなく、そこに住んできた人が、自ら、これからの生活の場を構想していくための道具となるアイデアを誰かが提供することだと思いました。

それは、ふだん、誰かの代わりに、求められる空間のあり方を構想し、それを具体化するための方策をこと細かく検討し、指定する、ということをやっているぼくたち「建築家」にとっては、新しい試みです。ともかく、計画案そのものの策定ではなく、それをつくるための使えるアイデアの提供。三陸海岸では、今、高台に居住空間を移そうとしている多くの集落があります。どの集落にとっても、使えるアイデアが出てきたら、それに越したことはありません。そういうアイデアを、長清水という特定の場所をモデルにして、調べたり考えてみたりする。それで、まずは、ブログページを、自分たちの手でつくってみた、というわけです。

4　代理を前提にしないデザイン

いくつか偶然が重なって、震災から約二か月が経った五月、ぼくは、南三陸町の長清水という小さな集落を訪ね、そこに住んでいた方々の話をお聞きすることができました。小さな入り江に面した三陸海岸の多くの集落の例にもれず、この集落も、大津波にほとんどの家屋が根こそぎ持っていかれました。二八戸あった家屋のうち、残ったのは高台にあった二軒のみ。後は、お寺のお堂が一つと、入り江の縁の岸壁に建つ一軒の民宿。避難所として使われていたその民宿に泊めていただきました。もちろん、被害の大きさ、そしてそこからの気の遠くなるような遥かな復興の道を想像して、茫然自失となったことは言うまでもありません。

しかし、ぼくが本当に驚いたのは、その集落の人びとが、そういうなかにあっても、受動的にただただ支援を待っているのではなく、自ら主体的に集落を再建しようとしていることでした。たとえば、上水の供給が、震災によってすぐさま途絶えてしまったわけですが、この集落の方々は、町の計画決定を待たずに、お金を出し合って、湧き水を引いてくる工事を発注しようとしたのでした。結果的には、町がそのお金を出すことになったのだそうですが、それはともかく、自分たちの生活の基盤をつくり維持するのは自分たち、という彼らのこの行動の根底にある感覚の存在と、その感覚の着実な達成に、ぼくは、心底、驚き、また感銘したのでした。

というのも、ぼくもこれまで建築家として、いくつかの公共建築の設計に携わってきましたが、そこで出会ってきたのは、自分の生活の基盤の計画を立て実現するのは、行政の仕事であって、自分の仕事ではないと捉えている人びとがほとんどだったからです。それが、ここではぜんぜん違っていて、自分のことを誰かが代理してくれる、という発想そのものがなかったのです。

建築家は、代理を前提とする職業です。皆が、自分自身で、自分が望む建築を計画するのなら、建築家は要りません。しかし、多くの場合、自分が望む建築を、その計画を適切に行なえる人、つまり建築家に任せます。そして、建築家は、当事者の必要や欲求を、当事者に代わって、物理的環境として実現するための計画を立てます。ぼくたち建築家は、こういう代理の構図を暗黙の前提としてデザインというものを考えてきましたし、だからこそ、ぼくたちが考えるデザインという行為は、無意識にこの前提に深く根ざしている内容を持っているのです。

長清水の人びとの話を聞きながら、ここでぼくたちが建築家としてできることは、ぼくたちが今までやってきたこととすごく違う、とぼくは直感しました。それは、代理の構図に乗らない、あるいは簡単には乗ってはいけない、もっと、集落の住民に寄り添うところにとどまるようなデザインのかたちであるように思えたのです。

それがどんなデザインという行為なのか、正直なところ、まだわかりません。ただ、それを見極めたくて、まずは、ブログページ「TAKADAI PROJECT」を、事務所のスタッフたち、それから一緒に長清水に行った西澤徹夫さんと立ち上げました。まだ、発端にすぎません。先へ進まなければなりません。

5 震災から半年

——東日本大震災をきっかけに建築に対するお考えはどのように変わりましたか。

基本的なところでは、なにも変わりません。建築とは、日常の退屈から逃れるための演出ではなく、日常そのものをつくっていくことだと思います。とはいえ、建築家が「専門家」としてなにかを提案するというプロセス以外の、建築家のあり方がきっとあるはずと実感しました。

——計画中のプロジェクトにおいて、クライアントの要望を含め変化したことはありますか。またクライアントそのものも変化したでしょうか。プロジェクトに沿って具体的に教えてください。

《杉並区大宮前体育館》では、照明のさらなるLED化、ソーラーパネルと蓄電池の設置、自家発電可能な時間を六時間から七二時間に延長などが要望されました。

——電力供給不足の他、震災の影響は続いていると思います。御社のオフィスならびにこれまでに設計された建物において、行なわれた対策を教えてください。建物名も具体的に教えてください（地域により影響が違うと思います。節電対策以外でも変化があれば教えてください）。

設計した建築には、震災によって破損したものはありません。

ただ、ぼくたちの事務所は、新耐震基準以前の八階建ての建物の七階にあり、揺れが甚大でした。また、その建物の一部が破損したことから、事務所を急遽移転することを決意しました。新しい事務所も、結局は、新耐震基準以前の古い建物ですが、六階建ての二階で、地震にやや強くなりました。

6 東日本大震災と関東大震災

今和次郎のこと

三・一一の大地震の発生、それに続く津波による三陸沿岸部の壊滅的な崩壊。それには、ぼくも一人の人間として大きなショックを受けたけれど、また建築家としても大打撃だった。生活の基盤である町や建物が、一瞬で壊れ、消滅した。残された人びとがいて、しかし、その生活の器がなくなってしまった。それでも、人は生きる。生きるためには、生活の器をまた一からつくり直さなければならない。その膨大な作業量を思って、気が遠くなった。ともかく、本当に必要なところからはじめなければならない。

そこで、ふと思った。ぼくがこれまで建築家として考案してきた建築は、はたして、そうした切羽詰まった必要のうえに建てられてきたのだろうか、と。まずは最低限の必要からはじまって、その先に、より豊かな生活のための必要がある。しかし、そんなまっとうな筋道のうえではなく、間違った筋道のうえに乗ってはいなかっただろうか。そう考えていくと、いつの間にか、建物の形、造形の前に考えなければならない、もっとずっと大切なものがある、ということに、改めて思い当った。

青森県立美術館で現在開催されている「今和次郎　採集講義」展（二〇一二年）を観た。今が青森出身であること、はじめ建築を志したこと、その後「考現学」を提唱したこと、そういうことを知らなかったわけではない。でも、さほどの関心を持っていなかった、というのが本当のところ。ところが観て、心底、びっくりした。というのも、それは現在のぼくたちにとって、のっぴきならない切実な問題を、まさになぞる展覧会だったからだ。

青森県立美術館の企画展示の空間は、最初に白い部屋があって、次に土の黒い部屋があって、それから突然、大きく開けた広場のような空間に出る。「起」「承」と来て「転」が来る。この「起」「承」の空間で、今和次郎の出発点であった農村や民家の研究が紹介される。今和次郎は、民家を単にモノとして見るのではなく、そうしたウツワに盛られた生活をも見ていた、と。ふむふむ。そして「転」の空間に歩を進めたとたん、思いがけず、関東大震災が起きる。起きて、彼の関心から器の部分が飛んでなくなる。人びとの生活が、突然、裸で現われる。空間と展示がぴったりと合っている。と思うと同時に、彼にとっての関東大震災は、ぼくたちにとっての東日本大震災なのだ、と、すうっと胸に落ちる。

過去のある人物にまつわる資料展示、というような学術的な展覧会とはまるっきり違う。まるで、あるアーティストが、今回の東日本大震災によって「建築」を捨て町に飛び出すことになった一人の架空の人間を造形し、その（架空の）人生の軌跡を描いた作品、とまで思える展覧会である。では、大震災という大転機があって、その後、彼はどうなったのか。それはもちろん、展覧会を見てのお楽しみ。

7 震災から三年

無防備の先にあるもの

自分たちで自分たちの環境をつくるのが本来の姿。被災地でそういう機運があれば、その手助けをしたい。そう、震災直後、思いました。そして、たまたまのことが重なって、南三陸町の長清水という地区の復興計画に関わることになりました。もともとは三八戸の、小さな入り江にある漁村で、すでに「高台移転」を決めていた集落です。どこに移転し、どういう環境にしていくのがいいか。ぼくたちは土木に関してはずぶの素人ですが、生活に近いところから環境を構想する視点は持っているはずだから、役立つこともあるかもしれない。そう思って、村の人たち自身が考えていくのに寄り添って、その時々で議論のための叩き台をつくっていこうとしました。震災一年後には、計画の方向がほぼ定まり、作業は土木の専門家に引き継がれました。その後、土地の所有権のことなど、前提条件の部分でいろいろあって、移転先も変われば、計画の方向も変わり、今に至っているわけですけれど。

ぼくはずっと、建築を自分が思い描く世界の（部分的な）実現というふうに捉えてきました。いや、その「思い描く世界」がはっきりと名指せるものとして自分のなかにあらかじめ存在している、と言うのではありません。むしろその逆に、自分を捨て、相手方の考えや置かれる環境に寄り添って計画を進め、その結果として建築ができあがっていくのと並行して、ちょっとだけその世界がわかってくるという感じです。ぼくはその「わかる」が楽しくて、そしてその世界をもっとわかりたくて、建築を続けてきました。

だから、東日本大震災が、それまでの自分の考え方を根底から覆したということはありません。ですが、この大震災は、その寄り添い方はまったく足りてなかったのではないか、もっと自分を捨てなくてはならないのではないか、と圧倒的な力で迫ってきました。

以降、ぼくの設計の仕方はずっと「無防備」になりました。それまでのぼくの設計には、構成の妙というところに保険をかけているところがあったわけですが、以降、そのために構成がまったく「無難」になってしまっても、潜在的なところまで含めて、相手方の希望を聞き取ろうとしました。まるで「あしたのジョー」の「両手ぶらり戦法」のようですね。打たれて、打たれて、そのまま倒れてしまうのではないか、という不安といつも隣り合わせ。でも、きっとその「無難」の先に、自分の思い描く世界があるのではないか、と思うのです。東日本大震災のことに整理がつくのは、まだずっと先のことです。

第3部 具象と抽象を行き来しながら

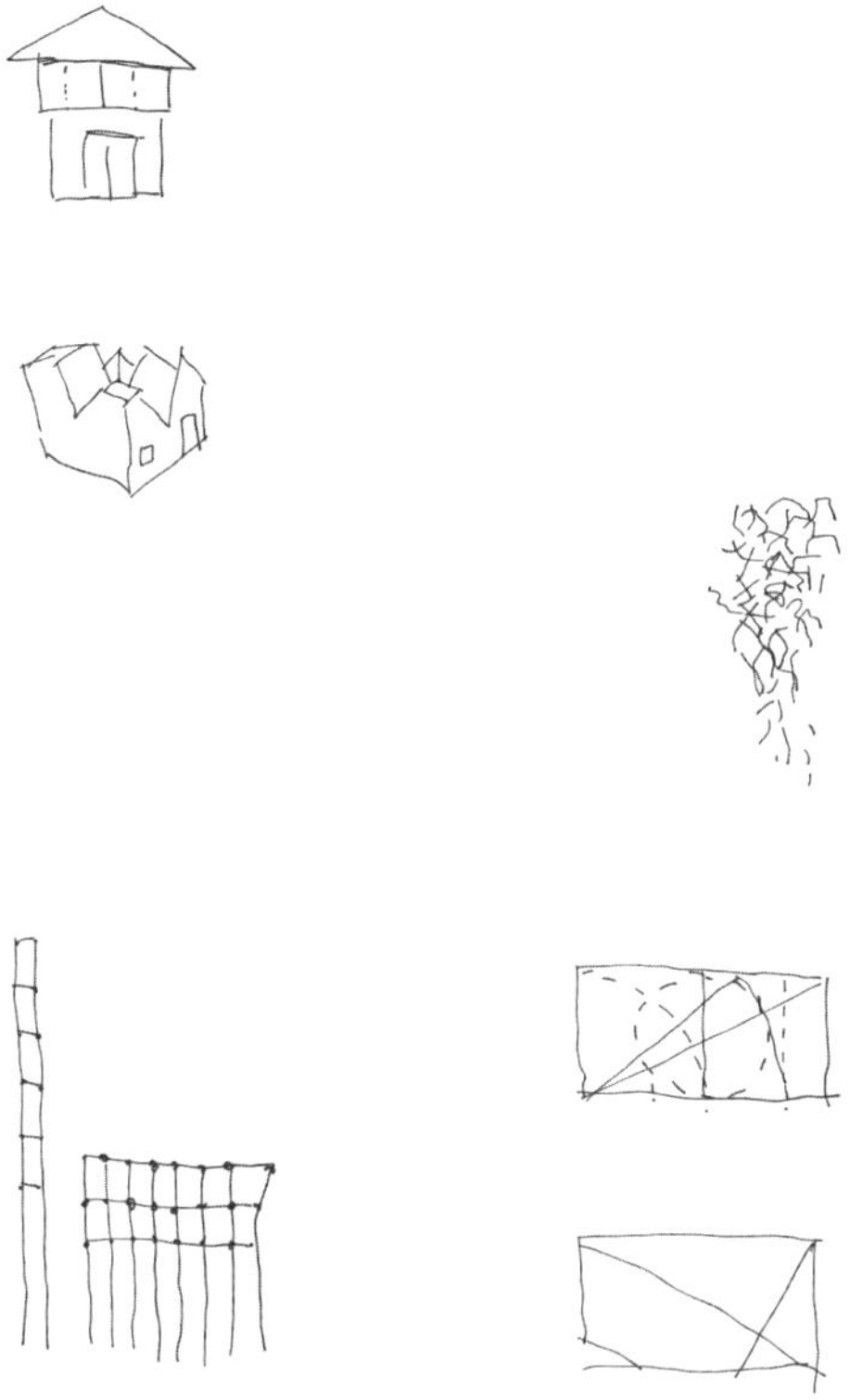

ル・コルビュジエの『建築をめざして』は、建築学科に進学できることが決まって、最初に読んだ建築の本だ。内容は、正直、よくわからなかったのだが、駅で立ったまま読んでいるときの情景はまざまざと蘇る。ちなみに最初に買った建築雑誌は、『SD』（7710号）「特集　現代建築の新思潮――フォルマリズム・リアリズム・コンテクスチュアリズム」で、そのことから、進学が決まったのが一九七七年の九月だったことが今もすぐにたしかめられる。こちらは冒頭の論文が八束はじめさんで、内容はやはりよく理解できなかった。というような『建築をめざして』なのだが、後になって、とくに「建築家各位への覚え書Ⅲ」は何度も読んだ。気になっているのはこの部分。

平面《プラン》はもっとも活潑な想像力を必要とする。それはまたもっとも厳正な規律を必要とする。平面《プラン》は全体の決意である。それは決定的瞬間である。平面《プラン》とは、マリア様の顔を描くような綺麗なものではない。それは峻厳な抽象である。眺めては無味乾燥な代数化のようなものである。だが数学者の仕事はそれでも人間の精神活動のもっとも高尚なものとされている。

建築は三次元の立体環境であるが、それそのものより、そこに内在する「無味乾燥な代数化」の秩序や律動《リズム》の方がずっと本質的だ、とまで言わんばかり。ただ、文と文とのつながりの論理がとんだままになっているので、この主張の背後にある感覚がなかなかつかめない。だからお経のようにして、繰り返し読む。すると、書いているときのル・コルビュジエの気持ちがときに舞い降りてくる、ような気がする。
なにか建築のことを考えると、このあたりに書かれていたことが頭に浮かび、本棚から引っ張り出すことがある。

1 建築とは建築の裏に隠れた秩序のあり方であり、模型はその秩序を指定する

全体像を一望に捉えられるような建築はまずない。全体像は、その建築を見てまわる体験をもとに、それぞれの頭のなかに、事後的に浮かびあがってくるものだ。そういう意味で、建築に全体像というモノは、実は、存在していない。全体像とは、実体の建築の奥にある目に見えない一つの概念であり、一つの抽象なのだ。

そして、建築とは、複数の要素の間に、全体を貫き通す一本の筋、つまり秩序を与えるものであるのだから、その抽象は一つの秩序と言い換えてもいい。一つの建築の奥にあるのは秩序であり、その秩序のあり方がその建物の全体像、ということになる。

秩序は、幾何学的なルールであることもあるし、方程式のような代数的ルールであることもあるし、手続きに関わるプロトコル的ルールであることもある。でも、それが純粋なルールであり、触れることもできず、見ることもできない透明な形式であることには変わりない。

実態としての建築の裏に隠れたこうした透明な形式を、二次元で表わしたものを「平面図」と言い、三次元で表わしたものを「模型」と言う。「平面図」も「模型」も、現実の具象としての

建築の抽象だ。三次元のボリュームである建築を、そのまま三次元の実体として構想するのではなく、一度、そういう抽象を経由することではじめて、深いところでの調和を伝える建築ができる、とは、ル・コルビュジエがすでに、『建築をめざして』のなかの「平面《プラン》は原動力である」というアフォリズムで言おうとしたことだ。

ル・コルビュジエは続けて、おもしろいことを書いている。たしかに平面図が指定しているのは、無味乾燥とした不可視な形式にすぎないかもしれない。しかし、その形式はそれ自体としてすでに、それにもとづいて実体化される建築が持つ詩情、美学、感覚を含んでいるのだ、と（「平面《プラン》のなかに感覚の枠を蔵している」）。

こういうル・コルビュジエにとって、平面図は、設計するための道具ということを越えて、むしろ、そのもの自体あるいは平面図によって指定された秩序こそが建築の本質だった。実体の建築の奥に平面図があり、さらにその奥に一つの均衡状態つまり律動《リズム》がある。それを逆に辿れば、一つの律動《リズム》から、そこに代入される変数次第で、さまざまな平面図が生まれ、さらに、その一つひとつの平面図から、さまざまな実体としての建築が生まれてくる、と彼は言う。だから、「多様性は建築の原理のなかにあり、装飾的な様相にではない」。建築は、実態としての建築以上に、その抽象のなかにある。

問題は、一つの建築がもたらす全体像がなにに抽象されるか、だ。建築模型の多くは、それを「構成」に求める。どういう要素がどういうふうに絡み合って全体ができているのか。それは、建築の秩序のなかで、たしかに大切な骨格に相当するけれど、構成に、それにもとづいて実体化される「くうき」——詩情、美学、感覚——がすでに含まれているのかどうか。ぼくには、その場の環境を一つの「くうき」として串刺すものは、構成という以上に、形態、大きさ、プロポーション、基準線、色彩、素材なども込みにしたなんらかの秩序だと思われるし、だとすれば、どうその秩序のあり方を指定すればいいのだろうか。模型をつくって、構成を確認する。でもそれをいつも迷う。

2　なぜ、それを模型と呼ぶのか　石上純也さんのこと

1　たゆたう世界

今回の豊田市美術館では模型を展示する、と石上さんから聞いた（「石上純也——建築のあたらしい大きさ」展、二〇一〇年）。模型と言っても、部屋いっぱいの大きさのものが主らしい。神奈川工科大学の《ＫＡＩＴ工房》の模型も展示するということだったから、何分の一の模型、と訊くと、部屋にあわせてつくるので、切りのいいぴったりの縮尺ではない、との答え。一〇〇分の一とか五〇分の一とかの、ぴったりの縮尺ではない。にもかかわらず、それを「模型」と呼ぶ。石上さんらしいな、と思った。

はじめて彼の作品を見たのは、もう五年前のことになる。会場は、タマダプロジェクトアートスペース（現タマダプロジェクトミュージアム）という、東京の月島の倉庫を改装したギャラリー。いや、そのギャラリーそのものではなく、同じ建物の、服飾関係の企業が入っている三階の、エレベータホールだったはずだ。エレベータを降りる。すると、すぐ目の前に、鉄筋コンクリート打ち放しの柱や梁が露出した、背の高い天井の細長い空間が奥に向かって延びていて、その薄暗がりのな

かに、細く長大な白いテーブルが、照明を煌々と浴びながら、やっぱり奥に向かって延びている。テーブルの上には、ガラス壜に生けられた植物、中国茶のセット、バスケット、燭台など。どこか奇妙な晩餐会に迷い込んだかのよう。

ちょっと離れて見ると、しかし、このテーブル、長さが一〇メートル近くもあるのに、その間に支えがなにもない。しかも、厚みが極端に薄い。後で聞けば三ミリだと言う。三ミリの厚みで一〇メートルのスパン。特段の知識はなくても、このプロポーションの異常さに、誰もがびっくりする。

もちろん、こんな魔法のようなテーブルを現実世界のなかで成立させるためには、それなりの仕掛けがいる。長い梁を渡せばたわむ。そのたわみを避けるのに、昔の工匠はムクリをつけた。つまり、梁がたわむ分だけ、あらかじめ梁を上方に凸形に曲げておいた。ムクリをつけた材を伸ばすと、その分だけ、もとのムクリの状態に戻ろうとする力が働く。だから、自重や材にかかる重さとちょうど拮抗するだけのムクリをつければ、梁は水平にまっすぐに架かる。このテーブルも原理は同じ。ただし、たった三ミリの厚さで一〇メートル近くある板を水平に保つためのムクリなので、なんと一回転半分の凸形を必要としたという。

極薄のしかし水平なテーブルを、単なる空想ではなく、またトリックでもなく、この現実世界のなかで実現させるためには、それ相応の技術がいる。スマートな技術的解法を発想する能力と、それを遂行するだけの厳密な技術がいる。この作品《テーブル》には、まず、一見、実現不可能と思えるような目標があって、にもかかわらずそれを実現してしまうたしかな技術がある。

でも、ぼくが本当にびっくりしたのは、そのことではない。テーブルの揺れ方だ。なにかの拍子に、テーブルにちょっと触れる。触れたところが、ほんのちょっと下がる。そして、その下がった動きがゆっくりと左右に伝染していって、端まで行って、そこで方向転換して帰ってくる。行く動きと帰る動きが混じりあって、ときに揺れが大きくなって、また小さくなって、いつまでもまるで生命体のように、かすかに呼吸しているように揺れている。それは、ぼくがそれまで見たことも体験したこともない物質の状態だった。たとえて言うなら、液体の表面のよう。水よりもずっと粘り気があって、限りなくなめらかな、油かなにかの表面。そんな液体の表面から、その表面だけを剝ぎとって持ってきたかのよう。固体でありながら、液体の性質を持つ世界。ぼくたちが普通住んでいる現実世界には、そんな体験はない。そのありえない、とどまることなくわずかに揺らめいている世界が、でも、そこにたしかにあった。

その後、石上さんは、二〇〇七年終わりからはじまった「SPACE FOR YOUR FUTURE——アートとデザインの遺伝子を組み替える」展で、東京都現代美術館の地下一階から三階までを貫く大吹き抜けに、高さ一四メートルものいびつな直方体を浮かべてみせた。《四角いふうせん》という作品。一トンもある巨大な物体が、これまた、驚くべきことに浮いている。でも、本当におもしろいのは、ここでも、実はそのことではない。

「ふうせん」のサイズは、吹き抜けにほぼいっぱいの大きさなので、壁や床と「ふうせん」との間に、クレバスのような巨大な隙間が生まれる。そして、「ふうせん」の素材がアルミの鏡面なので、それに対面する面が映っている。壁との隙間なら、実物の御影石とその鏡像の御影石とで左右を挟まれたクレバスを覗きこむよう。しかも、一トンもの重さのものがヘリウムガスの浮力でかろうじて均衡を保っているのだから、「ふうせん」の表面は、とどまっているか動いているかのゆったりとしたスピードで、膨らみ、しぼみ、移動し、揺れ動いている。そんなわけで、その裂け目は生き物のように柔らかく撓《しな》い、ゆっくりと伸縮を繰り返している。この世にはありえないその「たゆたう世界」を、見てずっと飽きなかった。

2 建築にとって作品とは

建築の展覧会というのは、とても難しい。

なぜなら、ぼくたち建築家の多くにとって、作品とはまずはできあがった建築のことだからだ。建築を土地から引きはがして展示の場に持ってくることはできない。仮にそれができたとしても、建築というのは、その単体だけで成立しているのではなく、それを取り巻く環境との応答を込みにしてできているので、そのまわりまで引きはがして持ってこなければならない、というのが本当のところ。でも、それはもっと無理な話。自分が作品と考えているそのものを、展示することはできない。展示できるのは、模型や部分の再現や図面や、ともかく、それに付帯するもの、代用品ばかり。もちろん、資料展示と割り切ればいいのかもしれない。しかし、展覧会、とくに美術の場での展覧会は、アーティストたちが切実な思いでつくりあげた作品を展示する場のはず。そんな場に、そのもの自体が作品ではないものを展示することは失礼なこと。やっぱり、そのもの自体が作品であるものを展示しなければならない。しかも、美術館での展覧会だからといって、建築としていつもやっていることではなく、なにか別のことをしようとは思わない。

でも、だとすれば、いったい、なにを展示すればいいのか。東京国立近代美術館の「現代美術への視点　連続と侵犯」展（二〇〇二年）にぼくが出品を依頼されたとき、それを悩んだ。しかし、こういう問いは、「建築」とはなんなのだろう、ということを真剣に考えるきっかけになる。いったい、「建築」をしているとき、自分はなにをしているのだろう。こんなときこそ、そんな質問を自分に投げかけざるをえない。

「建築」するとき、ぼくはまず、敷地に行って、その場所の「くうき」を嗅ぐ。それから、その「くうき」が設計を経てどんな「くうき」に変わっていったらいいのか、いろいろ想像してみる。そして、ああ、こういう「くうき」になったらいいな、というのを見つける。その「くうき」そのものは、曖昧模糊としていて、言葉にもならないし、記憶もできない。でも、その仮想の「くうき」を嗅いでいるときの気分は記憶に残る。だから、それからいろいろなことを試しながら、その試みがその気分の記憶を呼び覚ましてくれるかどうか、たしかめていく。考えつくことを、片っ端から試すのもいいかもしれない。でも、それではあまりに非効率。だから、なぜそんな気分を味わったのかを考え、仮説を立ててみる。そして、その仮説に従って試す。行き着くところまで行ってみる。駄目なら、戻って、もう一度、仮説を立て直す。そうしていつか、納得がいく仮説と結果のセットに（うまくいけば、だけれど）到達する。そうか、こういうことを、ぼくは「建築」をしている、と言っているんだな、ということがわかってくる。

そこでぼくは、建つことのなく未完で終わった一つのプロジェクト、《U》という住宅プロジェクトを思い出す。実現の折にそこで味わえるはずの気分の記憶が残っている。その実現のための仮説もはっきりしている。表と裏をなめらかに反転させつづければいいのではないか、という仮説だ。表の世界から、裏の世界に入り込む。すると、いつの間にか、今まで表と思っていた世界が裏に替わり、入り込んだ場所が表の世界に入れ替わっている。そしてまた、もと居た側の場所に出ると、またいつの間にか、その場所が表に戻っている。そういうことがメビウスの輪のように連続する空間。それをめざせば、いつでも違うところに行けるというような浮遊感の記憶に辿りつけるのではないか。それが、《U》で試したかったことだった。

この仮説なら、東京国立近代美術館の展示室で展開することができる。なぜなら、その空間には、展示のための仮設の壁が、まるで常設の壁のように建てられることになっていたからだ。柱が仮設の壁に取り込まれる。つまり、仮設壁には裏の空間がある。仮設壁を境にして、表側の世界と裏側の世界がある。

こんな筋道を辿って、《U》でやろうとしたことを、敷地に関しては、東京国立近代美術館の展示室という別の「土地」に、プログラムに関しては、住宅というところから美術展の作品という機能に置き換え、展開してみた。だから、タイトルを《Ubis.》と言う。育った環境が違う。だから、違うものになった。でも、建築でやるのと同じことをやっている。だから、できあがったものは、ぼくにとって、建築と同等の意味で、「作品」になった。

建築の設計で、ある案を最終完成形とする根拠は、実は、設計の内部にはない。最終のかたちは、敷地（どこにつくられるのか）によって、またプログラム（なんのためにつくられるのか）によって変わる。つまり設計の外部にある、いわば環境のようなものに左右される。だから、同じ気分の記憶とそのための仮説からはじまったとしても、もし敷地やプログラムが異なっていれば、案は違うかたちで成長し、違うものにまとまる。山あいの敷地という条件で育った案と、海沿いの敷地という条件で育った案とは、違う建築になるし、学校というプログラムで育った案と、病院というプログラムで育った案では、当然、違う建築になる。

ならば、その敷地が、現実の土地ではなく、美術館の展示室だったら、その建築はどうなるだろうか。ならば、そのプログラムが、そのなかで時間を過ごすというものではなく、それを展示物として見るというものだったら、その建築はどうなるだろうか。

そんな意識を、ぼくは石上さんにも感じる。実際の土地に建てる建築そのものが作品であるのと同じように、展覧会でもそのもの自体が作品であるものを展示しなければならない。しかも、展覧会でやることと建築としていつもやっていることとが同じでなければならない。となれば、建築とはなにか、というところまで遡って考えなくてはならない。

3　世界を抽象化していくこと

そして、今回、そんな石上さんが、模型を展示するという。普通の意味での模型は、実物の建築の似姿のことで、つまり代用品だ。模型は、建築をつくる過程で、つくっては壊され、建築が完成したときにはたいてい捨てられる。それは、設計の道具であって、作品ではない。にもかかわらず、美術館に模型を展示するという。これをどう捉えればいいか。ぼくは、それこそが、建築とはなにか、と今、石上さんが考えていることの結果なのではないか、と思っている。

すごく荒っぽい話だけれど、建築家は、造形を建築と捉えている人と、そこに孕む「くうき」を建築と捉えている人とに二分できる。建築は、もちろん、物理的環境なので、形を持つし、素材も持つ。つまり、造形物だ。でも、その造形をネガとすれば、そこにポジとして孕んだ「くうき」がある。ポジとネガはセットなので、どちらか一方だけというわけにはいかない。でも、見ているところの比重は、人によって違う。その比重によって、造形派と空気派に分かれる。やっぱり、荒っぽい話だ。

でも、こんなことを言いだすのは、建築を造形として捉えている人が大多数、と思うからだ。建築家がそうというだけでなく、一般の人もそう。たとえば、《テーブル》に戻れば、少なくともぼくが会って話した人では、その薄さにびっくりした、という人が圧倒的に多い。そういう人は、《テーブル》をモノとして見ている。つまり、造形として見ている。もちろん、それが孕むたゆたう世界に驚いたという人もいる。でも、そんなふうに空気として見る人は、数で言えば、やっぱり少ない。その比率は、《四角いふうせん》でも同じこと。巨大で重い立体が浮いているのに反応する人が造形派だとすれば、そのことによって生まれている隙間の世界に反応する人が空気派。やっぱり、造形派の方が圧倒的に多い。

石上さんの強みは、造形派が見ても、空気派が見ても、それぞれ別の意味合いで、優れていることだ。ネガもびっくりするけれど、ポジもびっくりする。でも、石上さんの根っこにあるのは、そこに孕む「くうき」への強い感覚だと、ぼくは思っている。「くうき」を孕ませるには鋳型が必要。たゆたう世界をこの物理世界で実現するためには、信じられなく薄い面が必要。あるいは、とてつもなく巨大な浮遊する鏡面が必要。だから、工学的な多大な努力によって、それを実現する。こういう順番で彼がやっていることを考えた方が、ずっと、すっきりとする。

その場の「くうき」というのは、とらえどころがない、ぼんやりとしたまぼろしのようなものだ。そのまぼろしを、どうやったら、この現実の物理世界のなかに孕ませることができるのか。

建築では、そういうとき、よく、抽象化という迂回路をかませる。

建築は、基本的に、三次元の空間を扱う。だから、三次元のままでスタディした方が素直なはずなのだけれど、通常はそうしないで、二次元の平面図や断面図でスタディする。平面図には、平面図特有の論理と言うべきものがある。そして、ぼくたちは、けっこうな比率で、平面図の論理でスタディする。つまり、平面図を平面図としてよくしようとする。その間、ぼくたちは、素材を持った三次元空間を扱っていることを忘れている。でも、だからこそ、先に進める。そして、先に進んでから、その方向の設計で、はたして求めるまぼろしに向かっているかどうか、振り返って判断する。ル・コルビュジエは『建築をめざして』で、「平面《プラン》が原動力である」と書いた。遠回りをしているようだけれど、三次元のボリュームであることから、いったん離れて、二次元で扱う。そういう抽象化があってはじめて、濃い霧の彼方にあるまぼろしに、ぼくたちは近づくことができる。

模型もまた、建築にとって、抽象化という迂回路だ。模型は、できあがるべき建築と同じく、三次元の物体だ。でも、これもまた、現実を抽象化したところに成立していることにおいて、平面図と変わらない。

たとえば、ぼくたちは、模型をできるかぎり良い建築に見えるようにつくる。柱が邪魔ならとってしまうこともある。それでも、模型が壊れなければ、その案はまったく不可能というわけではない。模型には、模型の論理がある。模型を模型としてよくしようという努力が、結果的には、建築を前に進める。

抽象化のこうした重要性を思えば、抽象化の介在こそが、建築を建築たらしめている、という考えにもう一歩のところまで、ぼくたちは来ている。実際、この抽象化という迂回路をどんどん先まで行くにつれ、建築は求めるまぼろしにぴったりとあったものに研ぎ澄まされていく。ならば、なぜその一線を越えてはいけないのだろう。

そして、今度の展覧会で、石上さんはその一線を越えようとしているように、ぼくには見える。つまり、図面や模型を、設計の道具ということを越えて、それ自体としてもっと徹底的に展開しようとしているように見える。

道具を越えるというのは、それ自体が一つの完成形になるということだ。実際につくられる（かもしれない）建築とは別のかたちで、図面や模型が、そこでそれ自体として、一つの最終形になるということだ。

それは、おそらく、遠く石上さんの建築にまた帰ってくるだろう。でも、今は、豊田市美術館の展示室という現実の空間を敷地とし、そこに建った模型という建築なのだ。

3 「くうき」を伝える、「くうき」のような生き物　安東陽子さんのこと

1 メディアのあやうさ

モノは、光があるなしにかかわらず存在するけれど、光がなければ見えない。音楽は、空気があるなしにかかわらず存在するけれど、空気がなければ聞こえない。その意味で、光や空気は、そこに存在しているものと私たちの感覚器との間に挟まって、それだけでは見えないあるいはそれだけでは聞こえない存在を、私たちに伝達する媒体《メディア》として働いている。

そして、事実を伝達するにあたって、完全に中立な報道がありえず、どんなニュースでもなんらかのバイアスがかかってしまうように、メディアのありようで、存在は異なる様相を呈する。朝の光と夕の光ではモノの見え方は違うし、床に一度あたった光がどのくらい混じるかによっても、モノは微妙に違う見え方をする。だから、ぼくたちは建築を設計するとき、光の状態、光のあて方を大事にする。

一歩進めて、より良くモノを見せるために、光をコントロールしたくなる。しかし、しすぎると、モノの実態ではなく、光の効果ばかりが見えてくる。つまり、演出がモノを追い越してしま

い、見えているものが実体からかけ離れ、嘘になる。「月を指せば指を認む」という言葉がある。ほら、なんてきれいな月、と月を指差しているのに、月を見ないで指を見る、そのマヌケを嗤った言葉だ。メディアには、そんな危険がつきまとう。光は、そこに存在する空間を、ぼくたちの感覚を通して、ぼくたちに認知させるためのメディアなのに、一歩間違えると、実体ではなく虚像が現われてしまう。というだけでなく、そのメディアそのものを実体化させてしまう愚を犯しかねない。ライトアップと呼ばれるものには、とくに、それが多い。

2　理性のメディアとしての建築

建築は、それを構成する床、壁、柱、天井などの単なる総和ではない。むしろ建築は、それらのモノにではなく、それらの間つまり空間にある。

空間という言葉は、いろいろな意味で使われる。いちばん素朴には、大きな空間だねと言うときのように、立体的な広がりという意味で使われる。大きいか小さいかを測ることができるのは、床、壁、天井などの境界があるからで、それら境界で包まれたいわば容器の中身が空間というわけだ。たしかにそこにはある形を持った空気の塊という実体がある。しかしそれなら、空間というよりボリュームと呼んだ方が正確だろう。

建築で空間というときには、もう少し膨らみがある。たとえば、モノとモノの関係、そこに張り巡らされた秩序を指す。空気がなくても、関係や全体を統制する秩序は存在でき、その秩序こそが空間だという感覚だ。

その秩序を生む原動力が平面《プラン》だ、と『建築をめざして』で、ル・コルビュジエは書いている。放っておけば単なる無関係な立体の集積になってしまうところを、適正な比例とリズムによって秩序立てているもの、それが彼にとっては建築だった。そして、その秩序が可視化されたものが平面図、と言うのだ。

建築は三次元のものなのに、なぜその秩序が三次元ではなく、二次元の平面図で規定されるとするのかと言えば、根本のところに、具象世界の向こうに抽象世界があり、その抽象世界を本質とする形而上学的な考え方があるからだろう。だからこそ、幾何学として現われる、つまり感覚にすくいあげられる平面図を、代数的つまり感覚を超えた理性なのだと、不思議な念押しまでしている（「それは峻厳な抽象である。眺めては無味乾燥な代数化のようなものである」）。

感覚では捉えられないこうした秩序あるいは理性を感覚に乗せるのが建築である。であれば、光が建築を伝えるメディアである以前に、建築そのものが理性を伝えるメディア、と言うこともできる。ル・コルビュジエは書く。「深いところでの調和の伝達、それが建築である」。

3　テキスタイルというメディアで伝えたかったこと

建築にとって、テキスタイルもまたメディアである。向こうが透けるテキスタイルは、透け方いかんによって、向こうの世界やモノの見え方を変える。その点で、テキスタイルは光に似ている。光は、ないと建築は見えない。テキスタイルは、なくても建築は見える。しかし、見え方を左右するという点で、光もテキスタイルもメディアとして働く。どちらも、人と建築の間に挟まって、その両者をとりもつ。媒介する。

二〇〇二年、《ルイ・ヴィトン表参道店》の現場でのこと。とうに欅並木の上空に達した高さに鉄骨材が建て込まれ、その構造体格子に縁どられて、眼下に東京都心の風景が広がっていた。構造体格子の外側にガラスを嵌め、その外側に全面、簾のように、ステンレスのメタル・ファブリックを掛け、内にも、真鍮のメタル・ファブリックを掛けるつもりだった。二つの簾を重ねあわせて、色とパターンによるモアレを生じさせせようとしていた。

しかし、違和感があった。内側の真鍮のメタル・ファブリックは間違いで、正しくは白く透けるテキスタイルなのではないか。そう思い直して、六本木のテキスタイル会社のNunoに走った。担当してくれたのが、安東陽子さんだった。

トランクをランダムに積み重ねてつくったような建築を構想していた。そこでの体験は、大きさやプロポーションの異なるトランクからトランクへと、とめどもなく「落下」していくものになるはずだった。白ウサギを追って巣穴に落ち、以来、不思議の国々を辿りつづける『不思議の国のアリス』。そのアリスが、ルイ・ヴィトンのさまざまな世界に次々と「落下」しつづけ、ただし上向きに「落下」しつづけ、その結末の、もっとも上空の、もっとも大きな世界がこの空間だった。最後に帰ってくるのは現実。しかし、その現実は見慣れた現実ではなく、もう一つの現実でなければならない。

では、その結末の世界をどうつくればいいか。

現場に、何種類もの、白く透けるオーガンジーを持ってきてもらって、試した。結局、白いリボンが刺繡された白いオーガンジーをつくってもらうことになった。刺繡のパターンを「Louis Vuitton」のLVにも見えるようにと、原寸大で描いた。パターンの大きさが、全体の印象を決めるので、そのパターンをいくつかの縮小率で大量にコピーして、現場に貼って試した。

半透明のテキスタイルによって浮かびあがらせたいと思ったのは、いつもの日常世界からわずかにずれた、もう一つの世界だった。世界をつくる、ではなく、世界の見え方を変える。

ぼくたちの周囲には、すでに世界がある。その世界には、さまざまな質が、息をひそめて、見いだされることを待ち望んでいる。眼や耳を凝らせば、それらは見えるし、聞き取ることができる。

しかし、ぼくらの感受性は鈍い。だから、日々、同じふうにしか感受できない。鉄骨は鉄骨にしか見えないし、町はいつもの町もまま。眼があるのに見えていないし、耳があるのに聞こえて

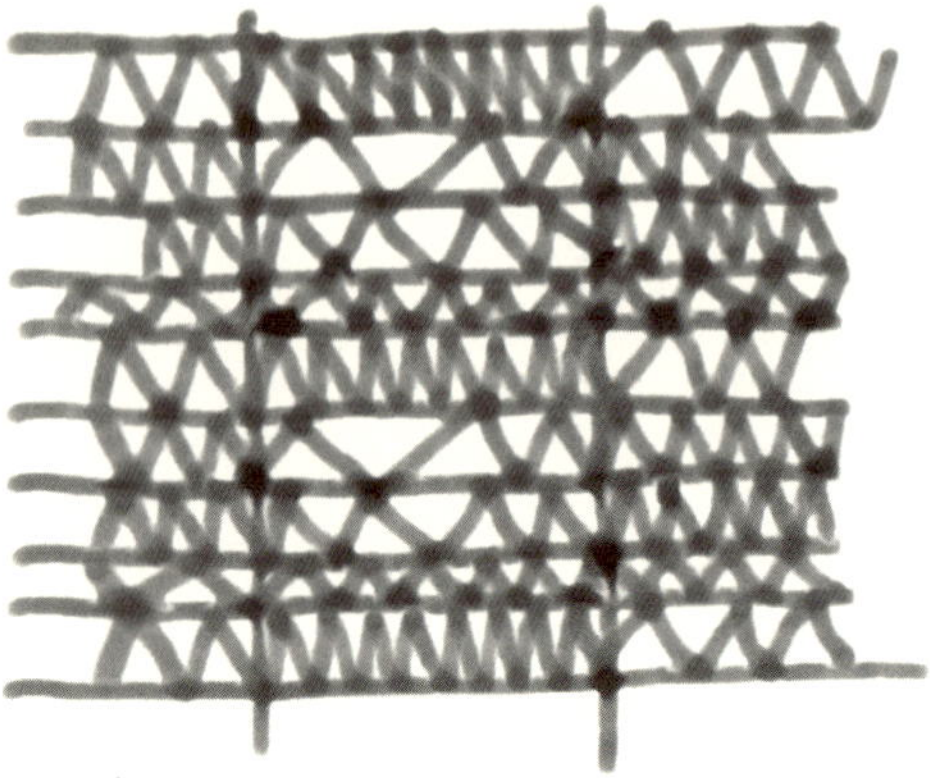

ルイヴィトン表参道店のためのパターン

いない。世界を記号として受け流し、やり過ごし、逆に自らのコノテーションと先入観を強化してしまっている。

その呪縛を解いて、世界の豊かさを、新鮮な目や耳の前に現わさせる。世界は、次から次へと表情を変えている。なぜなら、世界は生き物だからだ。

こういう行ないをatmosphericsと呼んだことがある。atmosphericsとは、通常、「無線通信に雑音をつくる大気電気による一種の電波」のことを指す。空気中に発生して、その空気の平常の状態を変えてしまうもの。それを踏まえて、固定したatmosphereを揺り動かし、別のatmosphereの相を出現させることをatmosphericsと呼んだのだった。atmosphereは、日本語にすれば、「雰囲気」ではなく「くうき」、物質としての「空気」

ではなく、「その場の質」だろう。

ル・コルビュジエは、幾何学的秩序あるいはその現われである平面図に建築の本質を見た。しかし、その平面図にしても、単なる凍りついた静的な秩序ではなかった。平面図とは、対称と反復による等質な拍の刻み、前の拍を受けて立つ拍の刻み、突然切り替わる拍の刻み、それらが組み合わさって生まれる動的な均衡状態、つまりリズムだ、と彼は書いている。だからこそ、平面図は「無味乾燥」でありながらも同時に、温度や速度の異なった潮流が絶えず流れ、すれ違い、ぶつかりあい、多様に表情を変える生き物なのだった（「そこから偉大な時代の驚くべき多様性が生まれる。その多様性は、その建築の原理から生まれたのであって、その装飾的な意味での様式から生まれたのではない」）。

「くうき」は、そのリズムと同じではない。リズムを拡張した概念である。かならずしも幾何学を必要としない。

「くうき」やリズムの先に、ぼくたちの感覚がある。感覚のあり方、と言った方が的確かもしれない。『建築をめざして』では、リズムのくだりのすぐ後に、唐突にこんな短文が挿入されている。「平面図そのもののなかに、感覚のまさに本質がある」。

光やテキスタイルは、ぼくたちに建築を感受させる。その一方で、実体としての建築は、そのままでは感受されない、しかしそこに張り巡らされている秩序を、ぼくたちに感受させる。さらにその秩序を遡ると、幾何学や平面図を経由してリズムあるいは「くうき」に至り、ついにはぼくたちの特定の感覚のあり方に辿りつく。

4 「くうき」のメディアとしての建築

光やテキスタイルは、ぼくたちと実体としての建築との間に挟まっている。それらを介して、ぼくたちは建築を感受する。光は時間とともに移ろい、天候によって変化する。テキスタイルは触れれば動き、風が吹けばなびく。光やテキスタイルは、その生き物的な不安定さにおいて、ぼくたちに親しい。

実体としての建築のずっと向こうにはリズムや「くうき」があって、そのリズムや「くうき」もまた、生き物的に不安定だ。

テキスタイルもまた、空気を孕み、「くうき」をまとう。ずっと向こうだと思っていたものが、一周して、ぼくたちがすぐにも手を触れられるところにある。ぼくたちの感覚のすぐ前に光とテキスタイルがあり、すぐ後ろにリズムと「くうき」がある。

全体が円環の構造になっている。そのことをぼくは、安東陽子さんのテキスタイルに学んだ。安東陽子さんのテキスタイルは、単に、ぼくたちと実体としての建築との間に挟まっているという以上に、もっと積極的に、ぼくたちを向こうの「くうき」に誘おうとする。

まだ幕は下りている。劇場のシートに座って、開演を待ち構えている。幕に照明があたって、煌めく。まるで、さあ、これからはじまりますよ、と告げているよう。これから、幕の向こう側でめくるめく世界がはじまる、という予感と期待感が昂ってくる。彼女のテキスタイルには、いつも、そんな誘いがある。

建築は、それ自体として鑑賞されるべきオブジェではなく、それを通してぼくたちの感覚のなかに「くうき」を生起させるメディアである。

いや、なにも卑下することはない。「くうき」は、基本的には、伝わりにくい。伝わるためには、高度な仕掛けが必要だ。一筋縄ではいかない。伝えられるものと伝えているものが一体となった一組があってはじめて、「くうき」は生起する。だから、メディアの価値は、「それを通して」が、「それを通さないと不可能」という次元にまで到達できているかどうかで測られる。

言葉の世界でこれを行なっているのが詩だ。詩の文字列そのものを鑑賞してもはじまらない。詩は、指された月と、月を指す指の一組からなる。どちらかだけでは成立しない。

建築にも同じことが言える。安東陽子さんのテキスタイルにも同じことが言える。指された「くうき」と、「くうき」を指すモノの組みで成立している。

ぼくが見ている「くうき」と安東陽子さんが見ている「くうき」が共鳴するのは、楽しい。

こんなことを、安東陽子さんは、かたく不動の建築空間に、平面とも立体とも言えない、柔らかく不定形のテキスタイルを持ち込むことによって行なっている。

4 〈作為〉－〈作者〉＝〈ストーリー〉　トラフのこと

1　無造作を研ぎ澄ます

トラフ建築設計事務所が設計した住宅を二つ、同じ日に見せてもらった。《港北の住宅》と《大岡山の住宅》。一方の《港北の住宅》は、新横浜駅にほど近い丘陵地帯の住宅地にあって、長期不在が多いご夫婦が住まわれるための小さな家で、もう一方の《大岡山の住宅》は、東京の都心に近い住宅地にある、二世帯のための、土地を目一杯に利用しつくした家だ。成り立ちがまるで違う。だから、できあがった家もすごく違う。と言っても、両方ともトラフが設計した住宅であるわけで、共通点も、もちろん、いっぱいある。

共通することのなかで、まず目についたのは、建ち方が無造作なこと。《港北の住宅》は、四つのフジツボみたいな形が寄り集まって正方形を成しているのが基本形で、そこに玄関と納戸の二つの塊が、それぞれ別の辺にくっついて、いびつになっている。その形は、土地の形から割りだされたというより、内からのロジックで出てきたよう。だからか、コンクリートの塊が、宇宙から落ちてきて、ここにたまたまポンと着地した、というような印象を受ける。土地に無関心な建物、あるいは、無造作な建ち方。

それに対して、《大岡山の住宅》は、いたってシンプルな形で、土地が細長い長方形の形なら、建物も薄い直方体（実は、斜線制限のせいで、頂部が二方向に削られているのだけれど、道からは直方体に見える）。建物がすっぽりと土地にはまっている。そして、その建物と敷地境界との間の隙間に、細かい砕石が敷かれている。家に入るためには、その隙間に入っていく。すると、右手にドアがある。それが入り口。ぜんぜん「玄関」らしくない。まるで、「入り口」は計画に入っていたけれど、「そこへ至るアプローチ」の方は入っていなかった、という感じ。間に合わせでつけたとも見える庇がその感を強めている。せめてコンクリートを打ったらと思うのに、アプローチもやっぱり砕石のまま。そう、一見、土地から割りだされたと思えるこの住宅もまた、結局は、土地に無関心な、宇宙から落ちてきた建物としてつくられているのだ。

しかし、こういう種類の無造作は、本当に土地に無関心であったら生まれない。それは、その場所に敏感に呼応してつくっておきながら、その作為を打ち消す方向に、それ以外のものではありえないというところまで追い込んでできた種類の、寸分の狂いもない無造作なのだ。寸分の狂いもない、研ぎ澄まされた無造作、というのは、なんだか変な言葉づかいだけれど。ともかく、《大岡山の住宅》には、作為と無作為の、そんなアンビバレンツがある。

そのことに気づけば、《港北の住宅》もまた、その建ち方がけっして無造作でないことがわかってくる。北に向かって大きく雛壇状に下っていく土地では、その土地の高低によってだけでもう日射が遮られる。そこに家が建ち並ぶわけだから、さらに暗くなる。よほど大きな敷地でないかぎり、建物をどんなに北に寄せても、日当たりは悪く、じめじめとしやすいことには変わりない。だから、無理して北に寄せず、むしろ北側も含め、できるかぎりまわりの家からゆったり距離をとって、風通しをよくする。つまり、敷地のほぼ中央に、ぽつんと、できることなら、こじんまりと小さく建てる。この住宅の配置計画は、実は、とても論理的なのだ。にもかかわらず、その作為を明示せず、逆に無作為に置かれたように思わせるようにできている。家そのものの形にしたって、長期に及ぶ外出中の防犯と採光を考えれば、それはそれで一つのきれいな論理的帰結だ。でもここでも、その作為が、無愛想なコンクリート打ち放しという仕上げによって、打ち消されている。その結果としての無造作。それが、ここでのデザインの力点になっている。やっぱり、作為と無作為のアンビバレンスがある。強い作為でありながら、その作為性は打ち消される。

2　作者を消すということ

なにも建築に限らない。それは、トラフの多くの仕事に見られる大きな特徴だ。たとえば、「横山裕一　ネオ漫画の全記録」展（川崎市市民ミュージアム、二〇一〇年）は、アーティスト横山裕一の世界が「陸上トラック」というストーリーに置き換えられたものであったけれど、これなどは、そのトラックに沿って、観客が半強制的に周回させられ、その観客の運動もまた含めて「陸上トラック」＝横山裕一の世界になってしまうという、すさまじいまでの作為に満ちた会場構成だった。なのに、その作為が、観客に「やらされている」という感覚を与えることがまるでない。そこがすごいところだ。

なぜ、そんなことになるのか、と言えば、この展示室自体の奥のコーナーが丸くなっていて、もともとのその空間を「陸上トラック」と見立てたことが、ごく自然だったからだ。展示室に入る。最初に目につくのが、もともとの奥の壁の湾曲。そしてそれに誘われて、壁に沿ってガラスケースのなかの展示を一つひとつ見ていく。知らないうちに周回している。ぼくたちは、こうして、いつの間にか、トラックに沿っての周回運動に引き込まれてしまっている。

まわりはもともとのままで、その中央に二重のトラック台が、無造作に、ポンと置かれている。しかし、そのトラックはけっして場違いなものではなく、この展示室の形と横山裕一の世界から、論理的に導きだされてきたもの。しかも、よく練られたディテールでできている。にもかかわらず、ベニアというざっくばらんな素材の使用。それで、スキができる。作為性が消えてしまう。こうして見れば、《港北の住宅》と、この会場構成はとても似ている。

なぜ作為性が打ち消されるかと言えば、その作為の背後にいるはずの作者の姿を消すためだ。作為から作者を引けば、ストーリーが残る。ストーリーは、特定の誰かのものでもない。それに関わるみんなが共有するある特定の明確な方向性、それがストーリーだ。

〈作為〉－〈作者〉＝〈ストーリー〉。式を変形して、〈作為〉＝〈ストーリー〉＋〈作者〉。「作為とはみんなのものであるはずのストーリーを個人が専有したもの」、と読める。たしかに、まずは誰かが語ろうとしなければ、ストーリーは生まれない。作者は必要。でも、それをいつまでも自分だけのものにしようとすれば、そのデザインは人を拒絶する。かっこいいデザイン。だけど、ちっともリラックスできない。

トラフがやろうとしているのは、ちょうどその逆のことだ。つくったストーリーから自分を消そうとする。ストーリーの強度は保つけれど、閉じたストーリーを開いて、人を招きいれる。人が入り込める余地を、引っ張ってギューっと、拡げる。つまり、スキをつくる。そのことに、すべてのデザイン力がつぎ込まれている。「研ぎ澄まされた無造作」。それがトラフにとってのデザインの意味だ。トラフがデザインしたものには、身構えることなく、スッと入っていける。いや、そう思う前に、無意識に、そのストーリーに入り込んでしまっている。

《港北の住宅》の敷地の北西の角には、変に余ってしまっているような小さな庭がある。そこで思いがけず、野菜が栽培されているのを見て、ぼくはそう思った。

5 具象と抽象をどう折り合わせるか

ムトカのこと

具象と抽象という言葉があるけれど、これは、モノゴトに備わる、その性質の区別ではなく、モノゴトを見るぼくたちの、その捉え方の区別を指して言うものだ。モノゴトをそのままの姿で、丸ごと飲み込むような吟味の仕方を具象と言い、モノゴトのなかからいちばん大切だと思う側面を取りだして、その側面をそのモノゴトの本質として捉えるのを抽象と言う。一本の木を見るにしても、幹の表情、枝の分かれ方、葉のつき方、葉の色、枝や葉の疎密、透かして見える光、地面に落ちる影、全体の姿など、数えきれない側面がある。それを捨象しないでまとめて受けとって、その木全体が発する特有の印象を捕まえるやり方があって、これを具象と言う。それに対して、一本の木を見てそれを貫くルールを看破するという捉え方もう一方にあって、たとえば、枝分かれの角度、枝が短くなる比率など、その木の背後にその枝ぶりをつくっているある一定の操作ルールを見るやり方などがそうで、モノゴトをこういう「本質」にまで還元して見るのを抽象と言う。

人間がモノゴトを見るときには、具象と抽象の、正反対の方向に向かうこの二つの見方を、あわせて使っている。実際、抽象をまったく行なわず、目の前の、瞬間瞬間に生起する、モノゴトのあり方をそのまま捉えて一つひとつバラバラなものとして記憶していけば、三時一四分の横から見た犬と、三時一五分の前から見た犬が、同じ名前を持つという事実に悩まされることになるだろうし、逆に具象をまったく行なわなければ、自分の犬を見ても、隣の家の犬を見ても、同じ「犬」としてしか認識できず、それでは日常生活がきっととっても厳しくなってしまうだろう。ぼくたちの日常生活は、具象で見たり、抽象で見たりの、その往復運動のなかにある。

同じように、建築の設計でも、ぼくたちは具象と抽象の間を行き来する。「案の全体を頭に浮かべて、それがどんな感じの世界を出現させてくれるだろう?」と考えるときが具象の働きで、では、「その建築をどういうものとしてつくるか?」と考えるときが抽象の働きだ。この両方向への頭の働きがなければ、設計はなかなか進まない。

建築のつくられ方がそうなのだから、できあがった建築を見るときも、ぼくたちは具象と抽象の間を行ったり来たりする。全体をためつすがめつ眺めて、その建築の世界を五感を使って味わう(具象の見方)。また、その建築がどういうものとしてつくられているのか帰納して、その答えとしての二次元幾何学モデルを、頭に描き出してみようとする。図式とか、構成とか、形式とか、スキームとか呼ばれるものが、この二次元幾何学モデルに相当し、それが見つかると、なんだか「わかった」気分になる(抽象の見方)。ぼくたちは、建築を、具象と抽象の二つの方向から眺めている。

というわけだから、建築に抽象はあっても、抽象だけでできている建築はない。たしかに、建築を設計するとき、その建築をどういうものとしてつくるかと、案を客観的に眺め、スキームを築くことは、建築の中身に意識的に首尾一貫性を与えるという点で、とても有用なことだ。しかし、もしそのスキームという言葉を二次元幾何学モデルという限定された意味で使うなら、スキームとはその上に乗って設計を進めるための、いわば乗り物のようなもので、けっして目的地ではない。つまり、スキームを築いただけでは、その乗り物は動かない。動いたとしても、迷走するだけになる。「どういう世界に行けばいいのか?」、つまり目的地としての具象の像がその建築家にあってはじめて(そして、そこに辿りつくための運転テクニック=設計能力があってはじめて)目的地に到達することができる。

しかし実際のところ、抽象の像と違って、具象の像は意識されにくい。つまり、その建築で、どういう世界を実現したいの、と改まって訊かれても、それを簡潔な言葉で表現することは難しい。なぜなら、具象とは、その建築の総体があいまって、ぼくたちに与える感覚の塊のことなのだから。具象の像は、どうしても言葉で言い表わしがたい。ここが、設計の困難であり、楽しみでもある。

とはいえ、この具象を捕まえるのをさぼって、手っ取り早く、乗り物を動かす方法がないわけではない。それがスキームだけでできているように見せる方向で設計を進めるという道だ。スキームがいちばん見えやすい方向を探して、その方向をめざす。スキームが伝わることを邪魔するものを徹底的に排除する。こうしてできあがる建物は、たしかに、見る人にスキームがよく伝わる。そして、スキームだけでできているような、研ぎ澄まされたシャープさが漂ってくる。つまり結果として、ある種のストレートさというか、デザイナーぽさというか、そんな感覚の塊が獲得される。抽象的な建築、あるいは抽象だけでできているように見える建築というのは、たいてい、こういうふうにしてできている。

一方、ムトカ建築事務所の《N邸》はそのまったくの逆を行っていて、ここでは、スキームの自動運転が、ほとんど完璧にと言っていいくらいに転覆されている。スキームは拍子抜けするくらいに素直で明快。しかし、それがぼくたちに与える感覚は、硬いような柔らかいような、明るいような暗いような、鋭いような鈍いような、整理されているようなされていないような、対立する感覚がいろいろ入り混じり、それらが微妙なバランスで溶け合う、つまり、ぼくたちのまわりの現実の都市に実際に実現されているような質だ。具象の方向と抽象の方向が大きく違っていて、これら本来共存しえない切り裂かれた二つの方向がこの建物に共存している。それは、具象と抽象についてちょっと腰を落ち着かせて考えてみれば、一つの誠実な出発点なのだけれど、見渡してみて、意外に少ない例なのではないかと思う。

この建物はムトカ建築事務所にとって、単体の建築としてはほぼデビュー作であるから、この建物だけで判断するのは時期尚早だとは思うけれど、抽象と具象の手軽な融合をとらなかったという美点、そして、この建物によって、抽象と具象をどう折り合いをつけていけば良いのか、という課題を自らに課すことでできたこと、そんなことを思って、ぼくは、ムトカ建築事務所のこの出発点を祝福します。

第4部

日常の風景

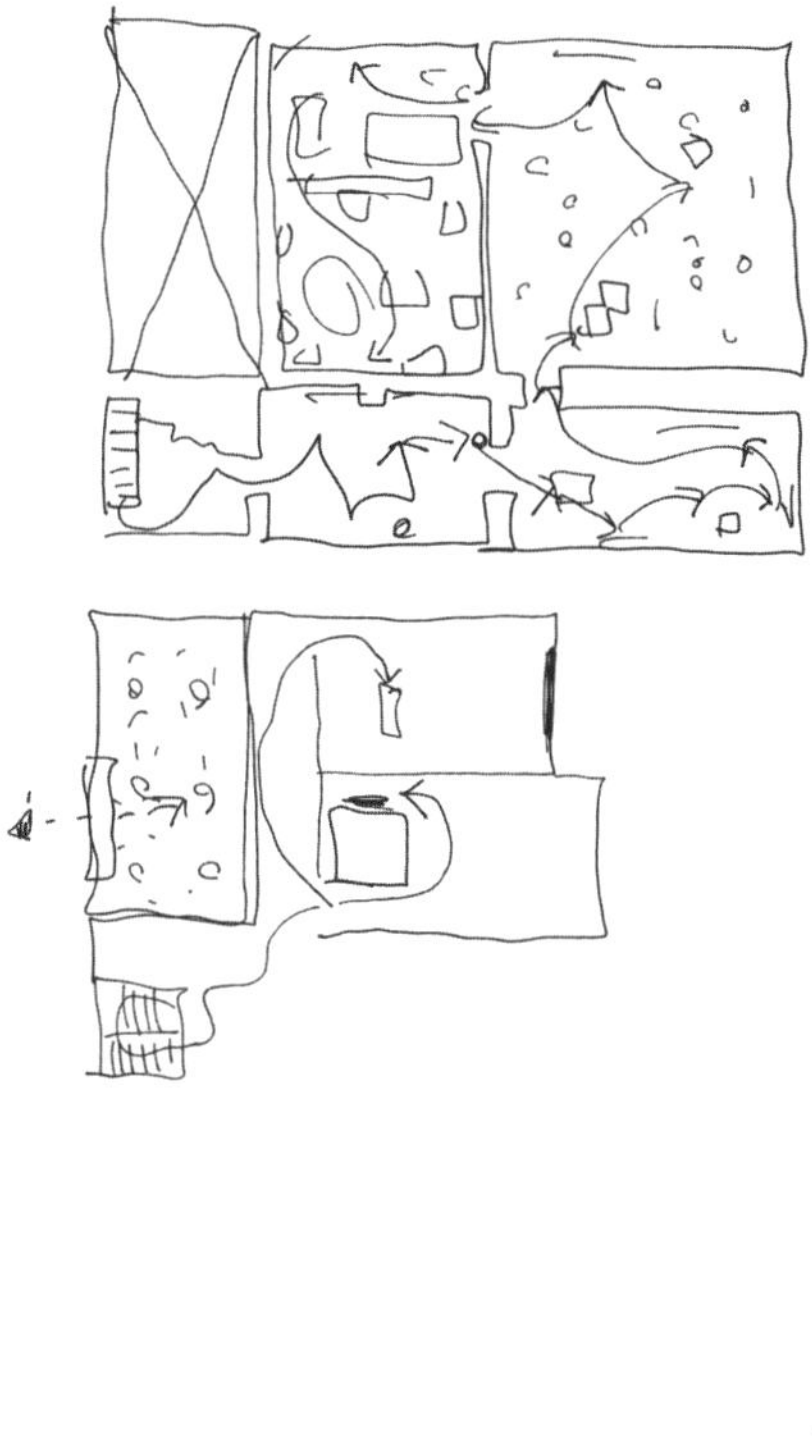

二〇一七年、大阪の国立国際美術館で、ライアン・ガンダーの日本の美術館での初個展「この翼は飛ぶためのものではない」が開催された。音声ガイドを借りたら、こんな「解説」が流れてきた。

「延々と続く棚の上に五〇〇体のユニークなプレイモービルが展示されています。それぞれがアーティストによるカスタムメイドであり、彼は「混ぜちゃったもの」と呼んでいます。このコレクションのなかの一体には、純金の部品が含まれていますが、その一体がどれかは明かされていません」。

この解説を聞いたからといって、作品の価値や意味がわかるわけではない。しかし聞くと、この解説と目に前に広がっている情景とが、頭のなかでぐるぐると追いかけっこをはじめ、一つの世界になって、「説明を聞かなきゃわからないような作品はダメ」という、ぼくの先入観を壊してしまう。この「解説」がライアン・ガンダー自身によって書かれたものだったのを知ったのはだいぶ後のこと。

今年二〇一八年、金沢21世紀美術館での泉太郎「突然の子供」展では、一枚の絵画を撮った写真がシアターのスクリーンに投影されていた。時々、ごそごそ音がする。「解説」を見たら、「作家がさまざまな美術館を訪れ、開館から閉館までの間、一点の作品をビデオカメラで撮りつづけた、美術作品を映画化した作品です」とあって、やはり頭のなかのぐるぐるがはじまった。

こういう解説が語るのは、見るだけでは読み取ることができない、背後の状況についての情報だ。そして、それはぼくたちの作品との向かい合い方を変える。作品の重心が、直接的な視覚的楽しみから、「このおもしろさはどういうことなんだろう?」という、おそらくは作家が作品を目の前にしているときに持っている思考的楽しみに移動させられてしまう。「わかりたくなるわからなさ、というおもしろさ」がそこに生まれる。

そういう発見があると、建築の見方だって変わってしまう。

1　少しずつ奥が見えてくる

反時計回りに走ると、左手が皇居。お堀があって、その向こうに石垣、その向こうは、東京の都心にもかかわらず豊かな緑がある。お堀の上にはなにも建っていないし、なにも植わっていないから、視線がずっと遠くまで抜ける。道の先を見やると、遠くまで石垣が続いているのが見えて、その端からさらに奥の景色が覗けている。その奥の景色が、道を進むにつれ、石垣の陰から、少しずつ現われてくる。近景があって、中景がなくて、遠景。道が弧を描いているために、新しい遠景がごく少しずつ現われ、気づかないくらいゆっくりと横にスクロールしていく。だからこそ、先を見たさに、踏み出す足が自然と速くなる。ランニングにもってこいの、こうした性格が皇居外周の基本線になっている。

その基本線にアクセントをつけるように、二つ、特別な区間が間に挟まっている。一つは、桜田門をくぐって、皇居外苑を抜け、大手門までの区間。門をくぐり、整然と立ち並ぶ黒松の間を走り抜けると、堀の内側、つまり特別に城に入らせてもらったような気分が味わえる。そしてもう一つは、北桔橋門から千鳥ヶ淵交差点と、そこを折れて、半蔵門に達するまでの区間。堀越しに石垣を、ほとんど望めず、しかも坂が続く直線の道。ただし、春ともなれば満開の桜のトンネルをくぐるすばらしい道。歩いて回る人には、千鳥ヶ淵緑道と千鳥ヶ淵公園という、素敵な側道も、ルートに平行して用意されている。

これら二つのアクセントが挟まって、結果、基本線もまた二つに分かれる。一つは、大手門から北桔橋門までの平坦な弧。もう一つは、半蔵門から桜田門までの、突然出くわす高みから、カーブしながら次第に下がってくる雄大な弧。

都合、大きく四つの区間からなる皇居外周。それぞれで相当異なる性格を持っていながら、どれもが完成度が高く、凝縮したまた調和のとれた全体になっている。

2　すべての建築は道から進化した

井戸端会議という言葉があるけれど、たとえば、東京上野のあたりに行くと、通り道の一角が井戸を中心にして、ちょっと広くなっているところが、今でも残っている。まわりの住まいから、飲み水、炊事、洗濯、行水のための水を汲みに、おかみさんたちが、三々五々出てきて、世間話や噂話に興じる。そんな光景が見受けられたのも、けっして大昔のことではない。

日本には、もともと「広場」はなかった。そのかわり、「辻」と呼ばれる都市空間があったと言う。辻とは、十字路のことであり、あるいは往来の多い通りのことだ。辻では、行商人たちが品々を並べ、香具師たちが見世物などの芸を披露していた。江戸時代には、歯の民間治療をする「辻医者」なる者もいたとも言う。

こういうことを聞くと、ぼくなどは、昔の道はずいぶんと豊かなものだったのだなあ、と感慨にふけってしまう。目を閉じれば、路傍に店を広げて座っているおばあさん、それを冷やかすおかみさん連中、扇子を持って舞う少年、酒杯を挙げる髭の老人、念仏風流に興じる老若男女が見えてくる。行き交う人がいるから商いがはじまり、商いがあるから往来が増える。一日のうち、かなりの時間を過ごす生活の場、それが道だったのだ。

そういう道から、時代が下るに連れ、いろいろな楽しみが失われていく。そして、とうとう交通の用途だけ、というところまでやせ細ってしまったのが現代の道路。

道が貧しくなったのと反比例して豊かになったのは、沿道に建ち並ぶ建築、と言われる。商売のためには店舗が、酒宴のためには居酒屋が、観劇のためには劇場が、踊りのためにはクラブが、さまざまな趣向を凝らしてつくられる。しかし、そういう建築も、実は、特定の目的を合理的に達成するという点は便利だけれど、それはつまり、機械装置の優秀にすぎない。けっして、人間にとってうれしいものではなくなっている。

この光景は、まるで、いろんな風合いを含んでパンパンに充実していた道が、ぎゅっと絞られ、エキスが抽出されたよう。エキスを抜かれた道はすでに出し殻で、しかも、エキスの方とて純粋すぎて、それではちっとも楽しくない。

いろいろなものが、手段と目的に分かれていく。道からそこでの楽しみが分離され、それが建築物として固定される。かつて道が持っていた膨らみが、目的地となって独立する。残った道は、その目的地に至る手段に成り下がってしまった。

建築の中身も、手段と目的に分かれていく。部屋は、必要諸室と呼ばれ、建築の目的と認知される。そして、それ以外の空間の面積はできるかぎり縮減される。なぜなら、それらの空間は、建築の目的ではなく、目的の空間と空間をつなぐ手段にすぎないからだ。手段となった空間とは、廊下であり、階段であり、エレベータだ。つまり、建築のなかの「道」の部分。

それで、二〇年前、建築家として仕事をはじめたとき、ぼくは、今の道ではなく、かつての道をモデルにして建築を設計しようと考えた。あらかじめの目的があって、それを効率よく達成する生活ではなく、とりあえずなにかしているなかから、楽しいことが生まれていく生活。かつての道のような、そんな空間をめざそうとしたのだ。そうしてまずぼくは、部屋を持たない、廊下や階段といった動線だけから成る建築を構想しはじめた。どうやったら、その動線が膨らんで、そこから動線以上のものが生まれることができるのだろうか。「すべての建築は道から進化した」。それは、ぼくが立てた最初の仮説だったのだ。

3　毎日の行ないがつくる道

竹富島は、面積が五・五平方キロメートル、一周で九・二キロメートルしかない沖縄八重山地方の小さな島。周囲を回る道だけが舗装されていて、その内側は、まったく舗装されていない。いや、「されていない」のではなく、あえて「していない」。

朝、日が昇る頃、枕元から、ザ、ザ、という音が聞こえてくる。皆が起きだす前に、道の砂を竹帚で掃く音だ。朝食の頃ともなれば、足跡一つない道に、すっかり清められている。それが、皆が道を歩きはじめるにつれ、砂は踏みしだかれて、崩れてくる。多くの民家では、朝と夕、家の前の道を掃く。その毎日の行ないがあって、砂の道は雑草もなく、まろやかに起伏した柔らかい表情を見せるようになる。

ぼくたちがふだん住んでいる世界は、まず計画が立てられ、それに向かって正確に実現された環境だ。完成がめざされ、その完成形が維持される世界。しかし、ここの道はまるで違う。完成形がめざされていない。その逆に、ただ今あるものをなぞっている。その絶え間ない行ないの連続が、道に生き物のような優しさと揺らぎを与える。

敷地囲いは、適当な大きさの琉球石灰岩を手で積んで築かれる。かなり脆い。強い台風が通りすぎると、その一部が崩れる。それを毎年のように補修する。いつしか、微妙に囲いの位置がずれる。直線が微妙に曲がる。こうして、定規で引いたのではけっして生まれない柔らかい敷地囲いの線が、しかも巧まず、できあがる。

4　どこもが「寝室」になる

はじめての住宅の設計になんと七年もかかった。時代がちょうどバブル景気のさなかということもあったのかもしれないけれど、何度設計をし直しても予算に合わない。このまま一つも実現できないまま一生が終わってしまうのではないか。そう本気で悩んだ。それで、ともかく建つことだけを目標にしようと、気負いを捨てて、ごくごく素直な案にして、ようやくのことで予算内に収めた。そうして、五里霧中のままできあがった住宅だったのだが、振り返ってみれば、ぜんぜん素直な案ではなかった。まず居間がなかった。寝室もなかった。

敷地は海を遠くに望む急勾配の土地で、そこに老夫婦二人が住む家である。夫は翻訳の仕事をされている方で、仕事の合間に庭でハーブを育てるのを楽しみにしている。家事をこなすのはもっぱら夫人。ただ、絵を描いたり、本を読んだりと、趣味が多いのでけっこう忙しい。夫妻で時間の流れ方がずいぶんと違う。

設計が長くなると、住まい手の人柄がわかってくる。という以上に、想像のなかで彼らになりかわって、彼らの感じ方で物事を感じられるようになってくる。俳優であれば役になりきって演じるのはきっと普通のことだろうけれど、実は建築家もけっこう感情移入をやっている。自分の心をパチンと閉ざして、住まい手の心に仮託する。すると、案の良し悪しを理屈で判断しなくても、気持ちに聞けばよくなる。便利というだけではない。「本が何冊あるので」とか「靴がこれだけあるので」とかなら、言葉で要望を伝えることができる。でも「こういうときにこんな気持ちになるので」とか、うまく言葉になりにくい要望もある。心の仮託ができれば、そんな言語化できない、でもすごく重要な要望をすくいあげられる。設計でこのモードに入れれば、案は住まい手が思ってもいなかった方向に、しかしまさにこれこそを望んでいたんだと思ってもらえるような方向に、自然に、転がりはじめる。実はこの過程が設計することのなかでもっとも楽しいところで、こんなときは自分が設計しているという意識がなくなって、それまで知らなかった世界に自分がぐいぐいと連れ出されているような気分になる。いずれにせよ、言語化できる要望だけからつくられた建築は往々にして常識的になり、逆に言語化できない要望に肉薄すればするほど建築は常識から逸れる。

海に並行して、崖に細長い廊下みたいな「夫人の領域」がひっかかっていて、その上に、これもまた廊下みたいに細長い「夫の領域」が重なっている。これがこの家の基本的なつくりで、「夫の領域」には、仕事をする場所の脇にベッドが置かれるほか、鉄製のすのこが吹き抜けに敷いてある。そこが夏などは下から上に風が抜けて涼しいので、眠るのに最高の場所になる。その下の「夫人の領域」には、流しやコンロがあって、料理はそこでつくる。絵を描くのも、眠るのもこの場所。なんだか吉本ばななの『キッチン』を思い出させるつくりだけれど、それもそのはず、ぼくはその頃、この小説をとても気に入っていたのだ。

「田辺家にひろわれる前は、毎日台所で眠っていた。どこにいても何だか寝苦しいので、部屋からどんどん楽な方へと流れていったら、冷蔵庫のわきがいちばんよく眠れることに、ある夜明け気づいた」。

「眠るための部屋」が先にあるのではなく、まず自分の居場所として家があって、そのなかから眠るのにいちばんいい場所を探してそこで眠る。これは『キッチン』の本題とはかならずしも関係のないテーゼだけれど、こういう猫的な自由への憧れは、ぼくが設計していた住宅の住まい手の感覚の根底にあるものだった（そして、ぼくにもあった）。家にはいろいろ個性の異なる場所があった方がいい。ある場所では、本を読みながらついうたた寝してしまい、でもとっても気持ちよく目覚めることができる。またある場所では、疲れたとき、ぐっすり眠ることができる。さらにまたある場所では、午睡のまどろみのなか、半獣神になってニンフたちと遊べる。そんな場所がいくつもずるずるとつながって一つの空間になっている家。住まい手がそこに実際に住まうことで自分なりの「寝室」を発見できる家。つまり、家全体が寝室でありえる家。

というようなことを、《H》と名付けたこのデビュー作を雑誌に発表するに際して書いてみたら、さっそく編集部から注文がついた。「せっかくのデビュー作なんですから、もう少し所信表明みたいなものも加えた方がいいんじゃありません？　明日まで待ちますから」。それで頭をひねって、一歩進めて考えてみたのが「動線体」というアイデアだ。現在の住宅は、「寝室」だけでなく、食べるための部屋である「ダイニング」、身体を洗うための部屋である「浴室」、くつろぐための部屋である「居間」といった具合に、場所ごとにはっきりと想定されている目的があって、また空間全体がその目的ごとに切り分けられている。しかし人の生活はそもそもそんなに明快には切り分けられないはず。むしろ、生活が未分化のままに維持された家の方が人間にとって快適なのではないか。あらかじめそこで行なわれるべきことを想定してできた建築ではなく、そこを実際に使うことではじめてそこで行なわれることが決まってくる建築。まずは動くことでなにかが生まれてくる建築。そして、そういう理想の建築を指して、ぼくは「動線体」と呼んだわけだけれど、これがその後二〇年にわたるぼくの仕事の方向を決定づけてしまうということは、もちろんそのときは知る由もない。

家のどこもが「寝室」になるのなら、町のどこもが、世界のどこもが寝室になる。もちろん、美術館も寝室になる。《青森県立美術館》では、そこで行なわれる展示をあらかじめ想定しないで、しかし作家がそこを使ってなにかしたくなってしまう空間をめざした。地面が遺跡のトレンチのように縦横に掘削されて、上向きに凸凹の面を見せている。その上から、下向きに凸凹の面を持った構築物を被せる。二つの凸凹に挟まれた隙間それぞれは、意図せぬサイズとプロポーションを持った空間になる。ここでも、いろいろな空間がずるずるとつながって、一つの建築をつくっている。そういう建築を、ぼくは今では「動線体」とは呼ばずに「原っぱ」と呼んでいる。でも、その内容はほとんど同じで、辿っていけばその発端にやっぱり、台所で眠る話がある。

この美術館を設計しているとき、まだ存在していないその空間を青森のこどもたちにいち早く見てもらおうと、手製のアニメをつくった。《青森県立美術館》の展示室には黒い土と白い構築体の間に六〇センチメートル幅の隙間がある。主人公のこどもが内覧会に来て、その隙間に潜っているうちに、つい眠ってしまう。起きたら誰もいない。出口はどちら、と美術館中、走りまわる。

そこで眠ってみたくなるような場所がない美術館は、いい美術館とは言えないのである。

5　この場所で現実世界がほころびはじめること　ライアン・ガンダーのこと

1　日常のなかでほとばしるスプリンクラー

大和プレス・ビューイングルームは、広島駅から車で二〇分くらい北に向かって、太田川という広い川を渡った先にある。まわりは住宅地で、道が細かく入り組んでいるので、ぼくはたいてい、橋を渡ってすぐのあたりでタクシーを降りて、そこから歩いて訪ねる。今回のライアン・ガンダーの個展「These are the things that I don't understand」（二〇一二年一一月－一三年二月）のときもそうで、橋のたもとでタクシーを降り、少し先の空にゴルフ練習場のネットを見ながら、ほとんど暗渠化した水路に並行する曲がりくねった道を辿り、一戸建ての住宅と中層マンションの間を抜け、買い物かごから野菜が覗いている主婦とすれ違い、めざすビューイングルームに着いた。右手にはもう樹木と言っていいくらいに巨大に繁茂した団扇サボテンがあって、正面に、車が駐められるだけ道から下がって母屋が建っている。母屋の真ん中には、幅約四メートル、縦四メートル余りの大きなガラスの開口があって、その向こうに展示室が見え、展示の一端が垣間見える、はずが、今回は違った。スプリンクラーからとめどもなく水が噴きだしていたのである。

水がほとばしる音がする。水道水の塩素の臭いがする。サッシの下からは、水が溢れでてきて、砂地を濡らしている。スプリンクラーから水が放出されるということは、普通は、火事が起きているか、故障による誤動作。いずれにしても非常事態。にもかかわらず、誰も駆けつけてこない。慌ただしく人が駆けずり回っているということもない。ただただ、まるで当然のことかのように、六つのスプリンクラー・ヘッドから勢いよくしぶきが飛び散って、床に音を立てている。いったい、どうなってしまったのだろう、と、見たとたん、思った。

それにしても、外から覗けるその水しぶきの部屋の美しかったこと。ただただ白く、ドアさえついていない、なにもなくまたなにも置かれていない部屋の、その空間の上から下まで満たされた水しぶきが、外光と部屋に吊るされた四台の水銀灯によって、小さな無数の煌めきを見せながら、サーと音を立てながら落ちていく。それで、見たとたん、その光景に心が奪われ、すぐにも視線が部屋のなかへと吸い込まれてしまっていた。

つまり、一方にスプリンクラーというものの意味を読み取ってそこから驚き訝しんでしまう目があって、もう一方に意味を介さずただ美しい出来事として見とれてしまう目があった。それら二つの目が、見た一瞬、絡み合った。

目の前に起きていることを美しいと感じるとき、人はその事物を無意識のうちに受け入れる。つまり、それは起こって構わないこと、少なくとも起きうることと把握される。だからこの場合のように、美しいと思うと同時に、それがスプリンクラーであることもわかってしまえば、火事

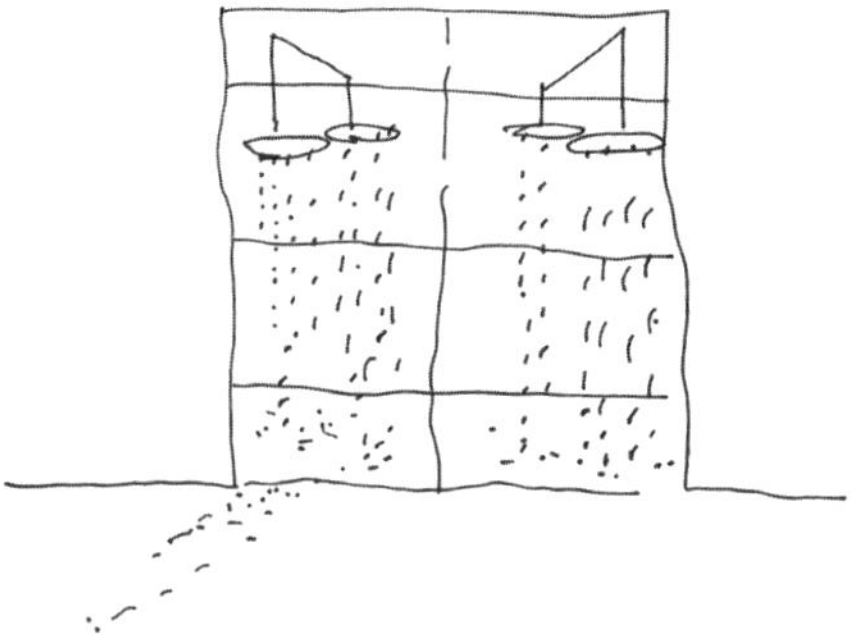

《Take as long as you might take, you might take long》

でもないのにスプリンクラーから水がほとばしっていること、そしてスプリンクラーから水が出ていても誰も気にしないことも、また自然なこととして受け入れてしまう。

　たしかに、スプリンクラーは、建物を火災から守るため、火災時に水を噴出することで消火する設備なのだから、それが水しぶきを上げうること自体には、なんの不思議もない。でも、世界中の一定以上の建物にあまねくついているスプリンクラーの日常的な姿は、圧倒的に、水が出ていないときの方の姿だ。実際、建築家であるぼくにしても、今まで水が出ている姿を見たことがあったかどうか。そのくらい、水を噴出しているスプリンクラーという状況は、現実にはほとんど存在していない。つまり、それはあくまで可能態としてとどまるものであり、日常の見慣れた光景のなかにほとんど埋もれてしまっている姿と言ってもいいのだ。

こうして見れば、いつやって来るか知れぬ火災をじっと待ちつづけているスプリンクラー世界がこの地球を覆っているわけで、その世界が、東アジアの端っこの国のなかの、広島という地方都市のなかの、都心からちょっと離れた住宅地のなかの、ある一つの窓の向こうという一点でほころびはじめ、日常世界の裏側にあった、ためらいなく水を噴出しつづけるスプリンクラー世界がちょっと顔を出している、という観にも襲われてくる。なんだか不思議なことが起きている。

それで、ぼくはつい笑ってしまった。

2　「作品」、旅へと誘うもの

というような経過を辿ってようやく、ここで起きている状況そのものが頭のなかでそんな動きを誘うという意味で、「作品」になっていることに思いあたる。展示を楽しみにここまで来て、にもかかわらず、目の前に現われたその瞬間にまずそのことを忘れてしまう。そして巡り巡って、結局、その巡ってしまうこと自体が作品の内容であることを知る。ここでは、「作品」は、こうして事後的に現われてくる。

もっとも、頭のなかの運動というのは、そうそう止まるものでないので（そして、ライアン・ガンダーの作品はたいていそれを誘うのだけれど）、さらに考えてみると、スプリンクラーから水が噴出しているのに誰も駆けつけず、まるで当然の事態のようにその状況が維持されるのは、それが「作品」であることによって保証されている、ということにも気づいてしまう。となれば、そこで、不思議なしかし当然のことのように起きている事態それ自体が、そもそもそれが「作品」であるから可能なことだったのであって、つまり、「作品」は、事後的どころか、事前的に存在していることがわかってくる。

こうして、この「作品」は、自らの尻尾を食べるウロボロスのように、はじまりも終わりもない、自立的な完全性を帯びたものとして、改めて見えてくるのだけれど、さらに考えていると、なんのことはない、まさにそれが「作品」というものの定義であり、「作品」というものの不思議であることに、とうとう思いが至ってしまう。

というような構造を持ったこの作品、《Take as long as you might take, you might take long》は、だから、たしかに「時間がかかる」。

見た瞬間、それはとっても美しい。でも、それは大袈裟でスペクタキュラーな美しさとは無縁のものだ。という以上に、それは逆に、見慣れた風景のすぐ裏側に存在しているかもしれないものがひっそりと差し出されたような、そんな寡黙な美しさに満ちている。スペクタキュラーに美しいものならば、ぼくたちは出会って、そこで打ちのめされるだろう。そこから得られるべきなにものかが圧倒的な力でやってきて、それを全力で受け止め、そして了解し、終わる。そんな爽快なスピード感がある。しかし、日常の裏側をさりげなく表わすような種類の美しさは、ぼくたちを打ちのめさないし、また了解も簡単には与えない。むしろそれは、ぼくたちを遠い旅に誘う。ぼくたちの頭は、そこを出発点として、進む。進んで、進んで、とっても遠くまで行って、そして出発点に帰ってくる。その旅の体験が作品の命になっている。

そしてたぶん、これがライアン・ガンダーの作品全般に共通した構造なのだ。

3　意味を固定化させることと、意味を揺るがすこと

建築にもスペクタキュラーなものとそうでないものがある。それは性格の違いという以上に、建築というものに対する考えの違いくらいに、根本的な違いかもしれない。たとえばぼくは、以前、こんなことを書いた。

どんな建物をつくりたいか、それを言葉にするのは、難しい。それでもそれを無理やりにいえば、「目の前にある世界は、実はそう見えている世界ではなく、別の世界なんだ」というような感覚をもった物理的環境、ということになるだろうか。

もちろん、現実世界の、そのずっと向こうに別の理想世界がある、というのではない。そうではなく、目の前にある現実世界そのもののなかに、あるいはそのすぐ裏側に、別の世界がある、という感覚のことだ。もっとも、ある特定の世界に辿り着くこと自体が目的なのか

といえば、そうでもない。もう一つの世界は、極端にいえば、どんな世界であってもいい。大切なのは、一見、梃子でも動かないようなこの現実世界が、実は、そう見えるほどには盤石ではないんだ、と感じられるその瞬間である。現実の堅固さに窒息し、押しつぶされそうになっているなかで、「なんだ、そのすぐ裏には別の世界があるんじゃないか」と救われる瞬間、いわば現実世界が相対化される瞬間を持つこと。

ぼくにそういう建築がつくれるかどうかは措くとして、少なくともぼくにとって、すばらしい建築とは、そんな瞬間が持続して感じられる場のことだ。千利休の《待庵》、リュベトキンのロンドン動物園《ペンギンプール》、ル・コルビュジエの《ラ・トゥーレット修道院》などなど。世界には、そんな建築が、いっぱいある。

(「写真に撮りにくい建築になってしまうのは」、東京庭園美術館「建築の記憶」展カタログ、二〇〇八年)

目の前にある世界を流動状態に置くというのは、今の世界とまったく違う世界をつくる、ということではない。流動化されるのは、世界そのものではなく、むしろ、それを支配している意味体系の方だ。ふだん日常の世界と地続きでありながら、その意味するところがいつの間にかひっくり返ってしまう。世界は変わらないけれど、放っておけば固定化されてしまう意味作用が解体される。だからこそ、目の前のいつもの世界が違って見えてくる。

一方、スペクタキュラーな建築は、その逆に、今ぼくたちを支配している意味作用の体系を前提にしている。そして、その作用を借りて、今まで見たことのない驚くべき光景を出現させる。変わるのは目の前にある世界であって、それを支配する意味作用の体系の方は不変だ。という意味では、スペクタキュラーな建築は、ぼくたちを支配している意味作用の体系を、かえって強化する。そして、実は、ぼくたちをよりがんじがらめにする。

たとえば、ぼくのところで設計した《青森県立美術館》はスペクタキュラーな建築ではない。それは、煉瓦でつくられ、無造作に置かれた箱形の建築だ。その箱形も、純粋な直方体《プリズム》というような気取ったものではなく、なんだか角《つの》らしきものが曖昧に伸びてきたようなだらしない形をしている（実際、鹿の角の生え方を研究して形を決めた）。また壁の出隅では、せっかくムクの煉瓦を使っておきながら、その煉瓦をわざわざ四五度に切って「トメ」に納め、できてすぐにも隙間があいてしまうようになっていて、それでデザインに隙間があいたというか、ぺらぺらな感じが出ている。さらに開口はそこに構造体があるかどうか気にしないで適当に開けたかのように、開口のガラス越しに鉄骨の柱やブレスが見えている（お願いした構造家の金箱温春さんがとても優秀で、先に開口の位置を伝えてしまうとそこに構造が来ないように楽々設計してしまうので、しかたなく、構造設計がすべて終わってから本当の開口の位置をお伝えした。そして、ずいぶん叱られた）。そもそも壁の煉瓦は、すぐ剥げるような硬めの塗料で白く塗られている。つまり、全体として、世界中にごまんとある、あまり根を詰めてデザインしなかった適当な建物のようにつくられている。

ただ、このきわめて日常的な様相のなかに、普通ではありえないことが忍び込まされている。

まず、煉瓦は下から上へと積み上げて施工するものだけれど、その壁が着地していない場所がところどころある。煉瓦が宙に積まれている。それで、積石造一般が持つ重厚な塊が浮いているような矛盾した印象が生まれる。軒天井に煉瓦が使われていることも、その印象を補強する（もちろん、本当に煉瓦を積んだのなら落下してしまう）。さらに、アーチの開口の上に要石がなく、煉瓦の壁をただ切り取ったかのようにしていることからも、重力が効かなくなっている印象が生まれるだろう。

もっともぼくとしては、ここでなにもマグリットの《ピレネーの城》的無重力感を再演したかったわけではなく、煉瓦を使うことで重量感を与える一方、その力をちょうど相殺するような適量の浮遊感を与え、結果的に、モノが持つ意味を行き着くところのない宙吊りにしてしまおう、と思っていたのだった。だから、煉瓦をそのままで最終的仕上げとするのではなく、全面を白く塗った（白く塗った一義的理由は、雪深い冬の景色のなかで、建物がホワイトアウトしてしまうことを狙ったことだが）。

結果として、いつも目の前にある世界ではあるけれど、なにかが違っていて、それで別世界にも思え、ちょっと酩酊したような気分になる、という意図は、たぶん叶えられたと思うのだけれど、しかし、と思うところがあった。軒天井に煉瓦が使われていることやアーチ形に煉瓦壁が切り取られていることを、ほとんどの人が不思議がってくれなかったのだ。

それでできあがった頃、迷った。あることを不思議なことと捉えるためには、建築についての知識が必要であって、それを持たない人にとっては通じない。それではまずくないだろうか。衒学的すぎたのではないだろうか。知識がなくても、背後の文脈を知らなくても、ただ見てわかる範囲で、ものはつくられるべきなのではないだろうか。

4　意味の文脈と、形式の文脈

ライアン・ガンダーがおもしろいなあと思うのは、彼がどうもそう考えていないところだ。たとえば、《She walked ahead, leading him through a blizzard of characters》。バランスとしては、なにか展示されていてもよさそうな壁になにもなく、壁が一面ただ黄褐色に塗られている。よくよく見ると、その中央あたりに、横長の長方形の紙が塗り込められているようで、さてどんな紙が貼ってあったのか、と思うそのすぐ下には、紙くずが落ちていて、それがどうもフォーチュンクッキーのくじのように思え、覗きこんでみると、"The Klingon frowns and replies with excelisy, sorry I don't understand you."の文字。

クリンゴンというのは、スタートレックに出て来る宇宙人の名前。「クリンゴン人がしかめ面してキシッと（……）一言、「すまん、なに言っているかわからない」」。実は、ぼくはスタートレックを見たことがないので、クリンゴン人と言われてもなんだかわからない。それで後で、ライアン・ガンダーの画廊の方に教えてもらったのだけれど、「クリンゴン人は地球人とコミュニケーションがとれない宇宙人で、ディスコミュニケーションの象徴みたいなもの」、なのだそうだ。つまり、「なにを言っているかわからないやつから、お前の言っていることはわからない、と言

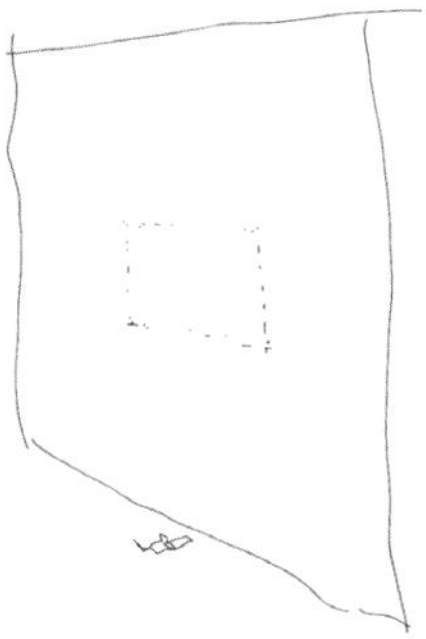

《She walked ahead, leading him through a blizzard of characters》

われる」ということであり、ということとは、コミュニケーションがとれないはずの相手から、コミュニケーションがとれないという内容のメッセージを受けとるというようなコミュニケーションが成立している、というややこしい状況、なのかもしれない。中身は伝わってこない。でも、伝えあう空間だけが成立している。そう思うとなんだか、ジーンとしてくる。これも後で知ったことだけど、このくじみたいな紙切れも、一つの独立した作品で、《The Klingon frowns and simply replies》というタイトルなのだそうだ。

それで、上の、壁をブロンド色に塗り込める作品のタイトルを改めて読んでみれば、「彼女は前に進む、文字の嵐のなか、彼を率いて」で、でもどこにも「文字の嵐」は見当たらない。そうか、塗り込められたせいで、見えなくなったんだ、と思えば、塗装の裏の紙には、きっといっぱい文字が記されていたんだろうと思えてくる。ちょっと前にはそこに記されていた言葉、それが今は消され、次に記されるべき言葉を待っている、そんなトランジット空間の真空。ここでも、中身は伝わってこない。でも、伝えあう空間だけが成立している。やっぱり、ジーンとしてくる。ふとそれが、展示室という空間そのものが持つ美しさだな、と思う。

ライアン・ガンダーの作品では、タイトルが作品のいわば入り口として機能している。それはちっとも作品の内容を説明してくれるものではないけれど、考える糸口を与えてくれる。ぼくたちのなかで作品が動きだすスイッチ、と言ってもいいかもしれない。彼のどの作品もまず、モノとしてとても美しく、ぼくたちの前に現われる。ぼくたちの目は、その表面をただ辿るだけでも満足する。しかし、そこにタイトルが加わることで、見る人のなかで旅がはじまる。ここにはとうに、ただ見てわかる範囲で作品を成立させようという姿勢はない。タイトルも積極的に使う。彼の作品の命はその旅の部分にあるからだ。

《She walked ahead, leading him through a blizzard of characters》に向かい合う作品は、《A portrait of Mr Sato attempting to differentiate between Santo and Aston in the darkness》。「暗闇のなかでサントとアストンの違いを理解しようとしている佐藤さんの肖像」。佐藤さんが大和プレス・ビューイングルームのオーナーであることは、ここに来る人の誰もが知っていること。でも、サントとは誰のこと、アストンとは誰のこと。こうなると、タイトルからだけでは先に進めない。写真のなかの『ブルータス』の表紙には、手書きのマトリックスらしきものが見える。それを引き伸ばして壁に転写したのが、少し先に進んだ場所にある《A sudden manifesto for a more ethically balanced practice》で、サントの名は中央下、アストンの名は左下に見える。

ぼくはこれも画廊の方に教えてもらった。ライアン・ガンダーの頭のなかには、一〇人を超える仮想の人物が生きていて、アストン・アーネストは、彼が自分より優れたアーティストとして尊敬している人物、サント・スターンは彼が美術に関して嫌いなもののすべてを体現している人物なのだ、と。スプリンクラーの水が出っぱなしの世界が、ぼくたちを取り巻く現実のすぐ裏側に存在しているのと同じく、今この世に生きている人たちの世界のすぐ裏側にもう一つの世界が存在している。

作品の背景にある文脈を教えてもらうと、たいていは、その作品の意味するところが狭まってしまう。でも、ライアン・ガンダーの場合は、それが狭まらないどころか、ますます想像の翼が広がる。たぶんその文脈が、見えているものの担う意味に関わるものではなく、見えているものが成立している形式に関わっているものだからだと思う。形式であれば、見る側のぼくたちがそれぞれで、そこからその枠組みを借りて意味を膨らませることができる。サントやアストンが現実の裏のもう一つの世界の住人であることがわかっても、彼らについての具体的なイメージを付与するのは、ぼくたちそれぞれなのだ。

こうして、ぼくがただ見てわかる範囲でモノはつくられるべきなのではないだろうかと迷うところで、ライアン・ガンダーはそれとはまったく逆に、タイトルによって、また発話によって、その作品の背景になっている枠組みを、積極的に、伝達する。その枠組みそれ自体、おもしろい。でも、そのおもしろさが作品の内容なのではない。その枠組みを借りて、それぞれが広げる想像の世界、その膨らんだ先のその想像の質が作品の内容なのだ。

モノやコトを通してある特定の意味内容やメッセージを伝えるのではなく、モノやコトがもたらす感覚の質を純粋なかたちで見る人のなかに実現する。そのために、言葉も使う、情報も加える。それは、たしかに微妙な方法だけれど、言葉や情報があるからこそ、通常の意味作用を覆す地平に達することができるのかもしれない。むしろ、「ただ見てわかる範囲」と言うとき、それではぼくたちのなかで固定化した意味作用から逃れられないのではないか。そんなことを、ライアン・ガンダーの作品を見て、ぼくは思う。

5　意味ではなく、感覚の質を

感覚の質ということで言えば、ビューイングルーム一階の、もっとも大きな部屋での展示がすばらしい。床に、直径一五センチメートルくらいのガラスの球がいっぱい転がっている。球は、光学ガラスなのか、緑がかったところのまるでない、限りなく無色の塊でできていて、その表面がなめらかなこと、このうえない。球は、その表面の内側反射によって、内部にまわりに広がる部屋全体を上下逆にして生け捕り、ガラスの底に白い天井とそこに規則正しく並ぶ照明を小さな光の点々として沈めている。そして、その透明な深い奥行きに対して、球の上の凸表面に、天井照明の小さな点々がさらに振りかけられる。そんな球が、部屋のなかほどでは一つひとつバラバラに、縁の方では三々五々寄り添いながら、煌めいている。ガラスの球をよくよく見れば、なかに鳥の羽根よりも軽そうな白い膜が風にそよいでいる。ごくごくはかないものがかろうじて持ったかたち。まるで命。それを芯として、透明な液体が丸く湛えられ、水玉となる。冷たく光る、閉じ込められた小さな内部宇宙。夏の新月の夜、有明海や八代海に、不知火と呼ばれる、一つ二つと数を増やして、最後には数百から数千の光が現われると言う。そんな話を思い出して、なんだか懐かしいような、少し哀しい気持ちになる。

タイトルを読めば、《A sheet of paper on which I was about to draw, as it slipped from my table and fell to the floor》。つまり「描こうと思って紙を一枚。でも、その瞬間、紙が机から滑り落ちて、床に落ちてしまった」。あらら。どこに落ちたのかな。下を覗くと、ひらひらと、あちらにこちらに落ちていく紙また紙。描こうとした内容も一緒に、あちらこちらに飛んでいって、残るのは、いいアイデアがひらめいたときの、あの満たされた感じだけ。意味内容は消えて、感覚の質だけが残る。消えてしまったのはちょっと残念だけれど、でも、なんだか、懐かしいような、哀しいような。

意味内容を括弧に括って、感覚の質だけを残す。

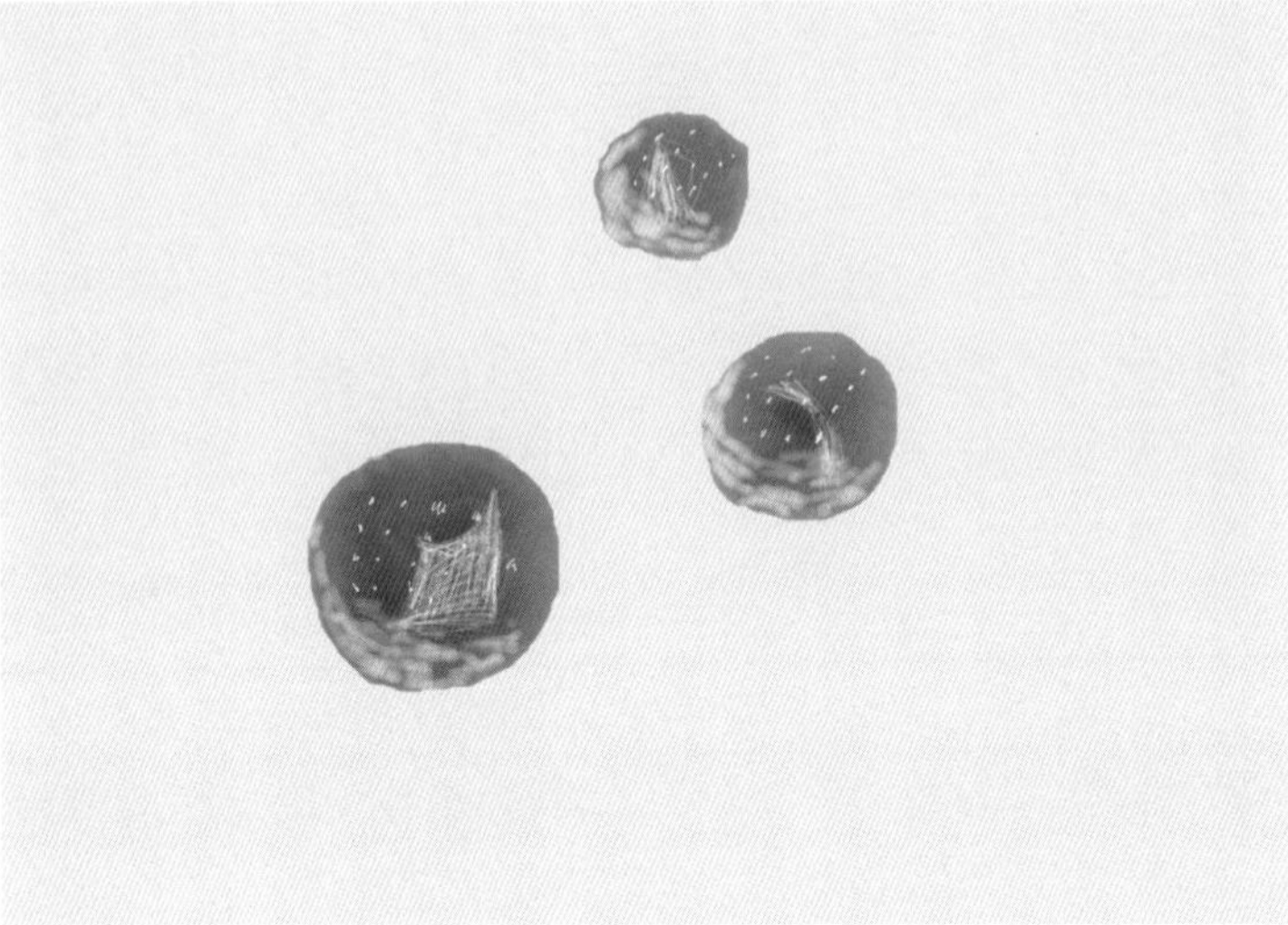

《A sheet of paper on which I was about to draw, as it slipped from my table and fell to the floor》

もっとも、意味内容とはモノに備わっているものではなく、ぼくたちの頭の働きの結果だ。だから、意味内容はどこまで行ってもゼロにはならない。にもかかわらず、それを括弧に括ろうとする。それは、どんな意味内容であっても、その内容自体には重要性はない、という姿勢の表明でもある。

では、なぜそんな姿勢をとるのか。それは、一つの事物が未来永劫にわたって一つの意味を担わされつづけるということに耐えられないからだ。どの時点においても、一つの事物は一つの意味を担う。でも、その組み合わせは絶対ではない。時と場合によって、組み合わせは変化しうる。なのに、どうも世の中はそれを固定化する方向に働いている。息苦しい。だから、意味作用を揺さぶる。意味内容を流動化させる。

目の前の世界がある見え方をする。それは、その世界が一つの意味内容で覆われているということだ。だから、もし意味内容が流動化すれば、目の前の世界は違う見え方になる。今見えている世界のすぐ裏側から別の世界が顔を出す。そして、そのことが常態化すれば、今の目の前の世界はいつもかりそめであって絶対でない、という感覚に至る。世界にはさまざまな可能態が並行していて、たまたまそのうちの一つがアクチュアルになっている。だけれど、その背後にはいつでもバーチャルな世界が溢れている。それはある意味、「自由」の感覚だ。

だから、意味内容を括弧に括ることを徹底すれば、意味が宙吊りになった状態の、つまり「自由」の感覚の質が残ることになる。

6　表と裏がぐるぐる回りはじめる

その実現のために、ライアン・ガンダーは惜しみなく言葉と情報を使う。言葉や情報は、意図した意味内容を伝えるためではない。むしろその逆に、意味内容を築くことを見る人に仕向け、委ねるためだ。そして、その構築を通して、見る人のなかに、その感覚の質が芽生えてくる。

ぼくの場合は、それをこれまで、言葉と情報を介さない方法でやろうとしてきた。そのために、誰もが持っている感覚——という点で、すでに固定化された意味作用を使っているのだけれど——を基軸にやってみようとしてきた。たとえば、表と裏。表だと思っているところが裏にひっくり返り、その裏だと思っているところがもう一度表にひっくり返る。表と裏の二つの意味の間を漂流する体験。

《青森県立美術館》では、それを隙間という項を入れて行なった。地面に直交するトレンチが切られ、土の上向きに凸凹な面ができる。そこに下面が凸凹な構築体を被せる。すると、上向きの凸凹と下向きの凸凹の間に隙間ができる。その隙間の床や壁はだから土。この方法で、隙間の「土の展示室」と、上から被せた構築体のなかの「ホワイトキューブの展示室」の二種類の展示空間が自動的に生まれる。

隙間というのは、それに先行する複数のボリュームがなければ生まれない。この場合だと、それは土のボリュームであり、構築体のボリュームだ。つまり、「ホワイトキューブの展示室」が先行する「表」の空間で、隙間の「土の展示室」は、それらがあることで結果的にできた「裏」の空間。それを、ときに「土の展示室」を表に見せ、「ホワイトキューブの展示室」を裏に見せるようにする。そういう操作を繰り返すことで、「表」と「裏」が交代しつづけ、意味が定まらない空間体験をつくる。

そんなことをしているぼくにとって、ビューイングルーム一階、最後の展示《Componenture》は、とっても楽しかった（そうそう、この展示の場所まで、ガラスの球が一つだけ転がり込んでいる。それは、前の部屋を先取りするようなかたちで、落下する紙のかたちをスタディする《Felix provides a stage again》が掛けられていたのと同じく、作品が部屋ごとに完結しないで、作品がオーバーラップしてつながる仕組みであるけれど、遠くに来すぎてしまって帰れなくなった魂を思って、やはり哀しかった）。

《Componenture》というのは、たぶん「建築」ならぬ「部品築」みたいな意味だろう。部品は、タルキとベニア板を組んでできたユニット（サイズがいくつか）、ユッカの植わった鉢、砂袋、クッション。それらを組み合わせて、構築物らしいものが全部で一一個、あちらこちらにできあがっている。それぞれの《Componenture》の風情のおもしろさ、全体の配置のおもしろさ。

ここでは、言葉と情報は控えられている。その代わりが、それぞれの《Componenture》間で生まれる文脈だ。

そしてその文脈の一つが「表と裏」。タルキとベニア板を組んでできたユニットには、はっきりと表と裏がある。白く塗られたベニア板の面が表で、その面を支えるように組まれたタルキが見えるのが裏。そして、たいていの場合、表と裏の両方が見えてしまっている。頭隠して尻隠さず。

部屋には柱が二本立っていて、それぞれの柱を取り囲む形で、一見二つの対照的な《Componenture》が並置されている。一つが《Space Filler（Proposal for a motorway service station）》、もう一つが《Stage for pillar》。前者の方は、柱のまわりに一周、ユニットがドーナツ形に組まれ、ドーナツの外と内に向いて、表が面させられている。だから、裏が面するのは、ドーナツの内側。その内側と外側に、ユッカの植わった鉢が一つずつ置かれている。内側の方は部屋に置かれた植物、外側の方は庭木か街路樹に見える。建物を外から見ているときの構造に近い。それに対し、後者は一周ではなく、八分の五だけ柱を囲んでいて、その柱に表が面するようにユニットが置かれている。

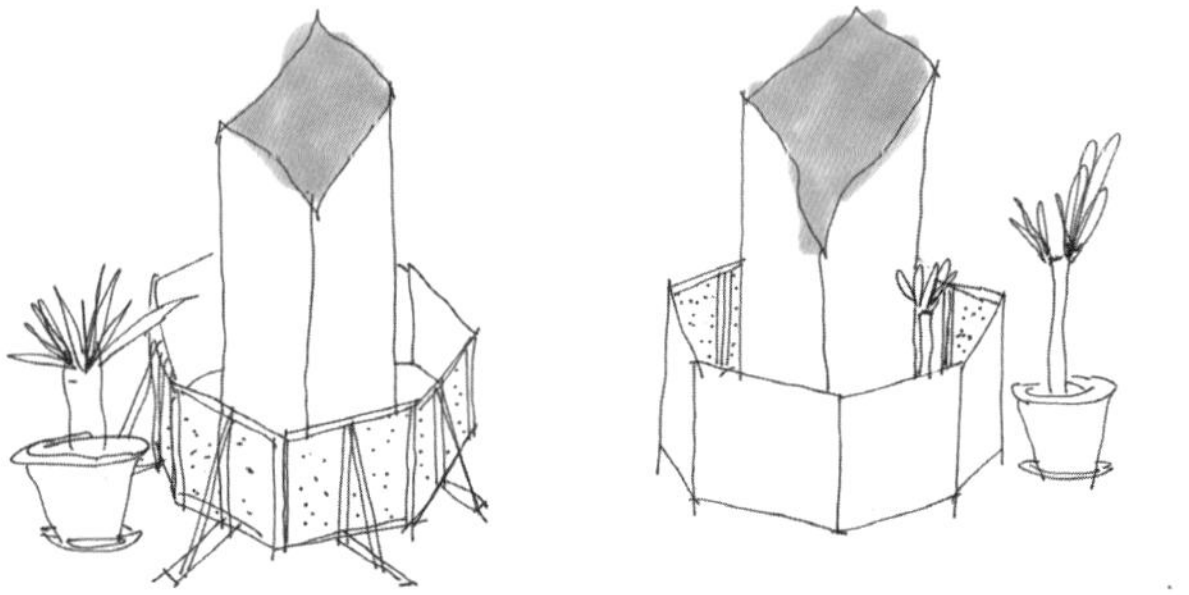

《Stage for pillar》と《Space Filler》

柱には蛍光灯が設置され、その光がその表の面を明るく照らしている。そして、その状況をぼくたちは裏側から見る。前者が表を見せているのに対して、後者が見せるのは裏。これが対照的な感じを与える理由だけれど、よくよく考えてみれば、前者からドーナツの外側にあたるユニットを取り除けば、後者になる。つまりこの二つは同じ構造。違うのは、前者では、ぼくたちがいる場所が外なのに対して、後者では、ぼくたちが内側に取り込まれてしまっている、ということだ。

と書いてみると、ずいぶんとややこしい。ユニットが持っているそもそもの表と裏。それらが置かれたことによって生じる内側と外側。その二つのカテゴリーが混線している。

ただこうして明らかなかたちで、ここで問題にされている主題が示されているのだから、ほかの《Componenture》を見るとき、どうしたってぼくたちは、表／裏、内側／外側という視点を避けることができなくなる。つまり、ここでは言葉や情報の代わりに、ここで発見される文脈が、旅に出るきっかけになっている。文脈が外から与えられていない。そこに置かれたモノ同士が文脈をぼくたちの頭のなかにつくりだす。

このきっかけに従って旅を進むと、次第に、本当に、白く塗られたベニア板の面の方が表で、その面を支えるように組まれたタルキが見える方が裏なのか、判然としなくなってくる。《Small Pavilion》なんて、もうタルキが見える側が表に見える。意味が流動化しはじめる。そうすることで、現実世界が相対化されてくる。

帰り、呼んでいただいたタクシーに乗り込んだら、運転手がぼくに訊いてきた。「あれはラジエーターの試験をしているんですか？」

現実世界のそんなほころびが、地球のなかで広島のこの場所で、ある意味、人知れず起きているという事態、そのこと自体が、ライアン・ガンダーの作品なのだと思った。

6 複製することの魔法

ルイジ・ギッリのこと

ルイジ・ギッリの写真は、たいてい小さく、世界の一部を、まるで掌にそっと、捕獲したような感じがある。

世界を丸ごと捕まえることなど、できはしない。しかし、そのほんの一部でも捕獲できたなら、しかも生きたまま捕獲できたなら、魔法に出くわしたような気持ちになるだろう。大昔から、池面に映る月を、人は現実の月以上に、愛でてきた。雨戸の節穴を通して射す光が、風で揺らぐ庭木を逆さに映すのを、寝床から陶然となって眺めてきた。ルイジ・ギッリは、カメラ・オブスキュラの、暗闇のなかに妖しく倒立する像に我を忘れる、そんな人種の系譜を継いでいる。カメラという器械を通して、世界を掌に捕獲・複製することに魅了されてきたのである。

まず、捕獲された複製そのものへ惹きつけられていた。気がつけば、町には、ポスターや広告など、その背後に見知らぬ世界の物語を匂わせるイマージュが、至るところに紛れ込んでいた。立ち止まって、そのイマージュの背後を覗きこもうとした。すると、その底からは、向こう側の世界ではなく、こちら側のよく見慣れた世界が浮かびあがってくるのだった。向こうの世界を反映しているはずの鏡は、それと同時に、この世界を反映する鏡だったのだ。アムステルダムの織物商組合の見本調査官たちを捕らえたはずのイマージュは、それと同時にこちらを凝視していたし《Amsterdam》、蝶を模した蝶ネクタイを見つめれば、見つめる自分を、手前のガラスが映しだしていた《Modena》。

向こう側の未知の世界とこちら側の既知の世界。それらの交替が点滅する、この状況の謎。それをそのまま、生け捕りするのがギッリの写真だった。

ギッリは、アルド・ロッシの建築も撮っている。建築に正対しているにもかかわらず、わずかばかりの陰影の、脱色されたような写真で、モノよりもむしろ「くうき」が狙われているように見える。しかしこれが、この建築家のいちばんいいところを捕まえることに成功した写真になった。というのも、ロッシの建築は、建設されたモノそのものにあるのではなく、そのモノとそれを見るわれわれの間にあるからだ。目に見え、手に触れる質感を持ったモノの向こうに、われわれがよく知っている定数——それをロッシは、類型と呼んだのだが——が浮かびあがる、その体験こそが彼の建築だった。ロッシの建築もまた、既知と未知の交錯のうえにあった。

《Serie: In scala》は、イタリアのモニュメントを模型にして並べるリミニのテーマパーク「イタリア・イン・ミニアトゥーラ」を撮ったシリーズであり、ここでも主題は、世界の複製である。複製を写真という複製に捕獲すると、現実と見紛うまでになる。現実と複製とを見紛うことはありえないのに、現実の複製の複製だと、その区別が消えて見えなくなる。つまり複製することは、もはや現実の似姿であることを超えて、それ自体で独立した、厚みのない現実をつくりだすことなのであった。見回せば、われわれが生きている世界には、すでに、既知と未知、あるいは現実と複製という区分が、さらに複雑に絡み合いだしていた。現実を複製化しようとしているのが、現実だった。そのありさまを、写真という複製装置で、さらに捕獲し、複製しようとした。無限にループする、そんな複製の魔法に、ギッリはずっと魅せられているようだった。

第5部

建築を見ながら、考えたこと

『新建築』二〇一五年月評

二〇一五年、ザハ・ハディド案による《新国立競技場計画》が社会問題となるなか、七月一七日、安倍晋三首相が唐突に計画の「白紙撤回」を表明、ついで再コンペが開催され、一二月二二日にその結果が発表された。日本の建築界において、二〇一五年はこの顚末をもって、建築家という存在の失墜が決定的になった年と、この先、記憶されるだろう。

まず「白紙撤回」に至る流れが、建築家のわがままを聞いていたら、工期は間に合わないし、予算にも合わない、土地の歴史も壊す、つまり建築家は好き勝手をやる輩という風潮を醸成した。これが失墜の一つの側面。

またこの計画は、設計・施工分離発注形式から設計・施工一括発注形式に移行したのだが、その過程のなかで、建築家＝装飾家という定式が完成した。これが失墜のもう一つの側面。そもそもザハ・ハディドは、従来型の設計・施工分離発注形式における「設計者」ではなく、「デザイン」を行なう者として選ばれたのであって、つまりこの時点ですでに、デザイン行為と設計行為とは分離されていたのである。最終的な形態となった（安直な）設計・施工一括発注は、この分離があったからこそ招かれたものだ。

こうした状況にあった二〇一五年、建築は「形」を極端なまでに避けようとしているようだった。なにも変えない、なにもつくらないことが、正しい建築だという気分が溢れていた。そして、その気分への反動として、いや建築とは「形」だ、とついつい声高になる従来型の建築家たちもいた。

建築が「カタチ」をつくる仕事であることは、ほぼ当然のこと。しかし、その「カタチ」とはなにを指すのか。そこに問題がある。考えてみなくては。久しぶりに月評子を引き受けた背景には、こんな事情があった。いろいろな建築を訪ね歩いた。そしてぼくには、一九六七年の丹下健三＋建築・都市設計研究所設計の《ゆかり文化幼稚園》に、その答えがあるように思えたのである。

一月──世界を少しずつ善くしていくこと

『新建築』の月評を担当するのは今回で三回目である。この前が一九九八年の一七年前。さらにその前が一九八二年だった。なんともう、三三年も前のことだ。

さて、久しぶりに月評子を担当することになって一つ、建築物について書くなら、まずは見てから、ということをルールにしようと決心した。やはり実際に見ないと、建築はわからない。そして、わからないものについてあれこれ書くのは憚られる。だから、まず見てから書く。

そんなことはあたりまえ、かもしれない。だけれど、前の二回の月評のときは、あえて実際には見ないで、思ったことや感じたことを書いた。『新建築』の一般的読者は、掲載されている建築の多くを実際には見ていないわけで、なのに、見ないと書けないことを書くのは、なんだかずるい気がしたからだ。特権的なところではなく、皆と同じところに立って、そこから見えること、判断できることだけを書く。今思えば、いかにも奇妙な公平さの追求だけれど、見る機会があったとしても、書く前には見ないようにすることを心がけたのだった。

しかし、今回、ルールを決めるのが遅すぎた。だから、谷口吉生さんの《京都国立博物館 平成知新館》に駆けつけたいという気持ちはやまやまなのに、もはや京都まで行く時間的余裕がない。見に行けたのは、《中央線高架下プロジェクト》だけ。来月からは、掲載予定の作品の情報を、前もってもらうようにしなくてはならない。とはいえ、この高架下プロジェクト、行ってみて、本当におもしろかった。普通の高架下の姿とはまるっきり違うものだったからである。

東小金井駅で下車して、階段を下りる。改札があって、出るとそのままモールになっている。つまり、この駅も、それにつながるモールも、すでに高架下の空間なのだ。そして、そのすぐ隣にはスーパーマーケット。

これらの施設に共通するのは、高架下の空間を「目一杯」使っていることだ。外に出て見れば、高さ方向では、上の高架軀体にまで壁が到達している。横方向も、高架軀体の幅いっぱい。つまり、高架の構造体を、ボリュームですっぽり埋めつくしている。思い起こしてみれば、上野のアメ横も、中目黒の東横線高架下も、おいしくて時に行く神田の中華料理屋も、伊東豊雄さんの座・高円寺の前の高架下も、皆、同じつくり。

最近のしゃれた高架下の店舗では、上の軀体を露出してみせ、大きな天井高のロフトのような空間にする。一方、普通のお店では、照明や空調の効率化を優先して、標準的な高さで天井を張り、せっかくの上方の空間なのだけれど、それを殺す。ただし、いずれにせよ、使える空間を目一杯占有する。こうなると、歩道にはみ出るように自転車が置かれる。自転車で来る人がいる、というのは、そのお店のプログラムに含まれている事項のはずなのだけれど、そのための空間を「敷地」の外に追い出す。そんなことがあいまって、高架下特有の、なんとももうら寂しい景色が

生まれる。東小金井の高架は新しく、二〇一〇年一一月の完成。しかし、高架下の伝統は、ここでも綿々と受け継がれている。

そこに突然現われる、スカスカの空間である。土木ならではの無骨な架構からなる、ヒューマンスケールを置き去りにした大空間がある。そして、そこに対比的に、ずっと小振りなスケールの箱が、ポンポンと、間をおいて置かれる。幅が余っている。高さも余っている。

まったく違うスケールが二つ、バラバラにある。その空中に直接描いたような白い線が、実体化されている。この「フレームファサド」、実は、誌面で見たときは、あざといかも、と思っていた。だけど、実際に訪れ、高架に沿って歩いてみれば、その全体の大きさや形がほとんど意識に上らず、その直線的なシャープさが、高架の脚柱の、角を丸く面取りしているためにヌメッとしている量塊と、いいバランスを生みだしている。空中に描かれた白線の全体形が見えるのは、高架から離れてようやくのこと。二つのスケールの乖離がもっとも目立つ距離だ。そしてその距離において、空中の白線がはじめて「フレームファサド」として現われ、二つのスケールの乖離をきっちりと埋めている。

こうして見ていけば、このプロジェクト、やっていることは、ほとんど二つしかない。まずはコンテナの配置の仕方。それから、「フレームファサド」の導入。それ以外のことは、外的に決まることばかり。コンテナは二〇フィート型の規格品で、設計者のデザインの範疇外。インテリアもたぶん、テナントの要望。かろうじて、開口の開け方と、ベースとなる外装としてのフレキシブルボードの採用とその目地割りが、設計者のデザインの範疇に入るだろうか。

テキストを読めば、さらに、ぼくなどはたいへん驚くのだが、設計主体のリライトデベロップメントが設計業務を越え、企画立案、事業収支、リーシング支援の計画に深く関わっていることがわかってくる。事業主になっている部分もある。であれば、土地面積に対しての賃貸面積の割合や、建築物への投資金額も、事業収支から割りだされるのだろうから、コンテナという選択も、それら配置の前提にある建ぺい率も、外的な条件と言ってよいだろう。

つまり、これは、従来の建築がそうしてきたような、一つの内的論理でできた自律的な要素の配置のあり方として把握・評価することが、そもそもできないタイプのプロジェクトなのである。

外的論理に対して開かれているというだけでなく、より積極的に、外的論理にこそ出発点に置こうとするオープンエンディドなつくり方なのである。だからこそ、デザインとして焦点があてられるところが決定的にずれる。そうでなければ「フレームファサド」は出てこない。

もちろん、内的論理でできたオートノマスな建築も、外的論理に根拠を見いだすオープンエンディドな建築も、より善い社会をめざすという点では変わらない。しかし、前者がいきおいユートピア的な根本的変革を志向するのに対して、後者は、ミクロトピア的な現状の漸進的改善を指向する。

もちろん、問題は、その改善が向かう方向だ。それはどのような像をイメージした「公共性」なのか。

ともかくここには、高架の軀体がつくりだしている空間を完全に変革するのではなく、そうであることをそのまま前提としつつ、ただしその空間が本来的に持っているさまざまな質のなかから、適切だと思われる質を選び、その質を強調する方向で空間の質を微調整する、という姿勢が見られる。そういう試みを通して、さてどのような社会に改善されていくのか。

これは、きっとこれから何回か立ち戻って考えることになるテーマだろうと思う。一年間、どうぞよろしくお願いします。

二月——非施設型建築をめぐって

「実際に見ないと、建築はわからない。そして、わからないものについてあれこれ書くのは憚られる。だから、まず見てから書く」と、つい勢いで宣言したら、のっけから海外での作品が目白押しで、参った。

一月号巻頭の建築論壇は、塚本由晴さんの「非施設型空間とネットワーク」。「非施設型」と言っても、物理的実体として建てない、という意味ではない。物理的実体としては、たしかに存在する。しかし、「制度」が「施設」によって現実化されることで人の「ふるまい」を拘束する、従来型の建築とはまるで異なる空間としてのものだ。それに対して、「非施設型空間」は、人びとの本来的な「ふるまい」から出発し、遡って、空間や概念をもう一度つくり直そうとする。そもそも、逆の流れの論理である。

ぼくたちは今、そんな「非施設型空間」の時代にいると、塚本さんは言う。しかもそれは「現代建築にとって歴史的な転回」なのだ、と。ぼくも、そう思う。

非施設型の空間は、「他者に対する依存度が高く繊細で小規模」で、また「仮設的」だ、と塚本さんは書いている。「仮設」ではなく「仮設的」、である。というのも、「ふるまい」とは、人とモノの相互作用で織りなされる流動的な状況を指すからだ。同じ場所でも、さっきと今とではふるまいは違う。同じ場所でも、そこにあるモノが変われば、ふるまいも違ってくる。流動的な状況を、そのまま空間化するなら、それは固定しようがない。動きをそのまま、生け捕りにするしかない。

しかし、こうなってくると、非施設型の空間が、物理的実体として建てられるものなのかどうか、やっぱり「仮設的」ではなく「仮設」にとどまるのではないか、という疑問も湧いてくる。あるいは、それは物理的実体としての建築を越えた、つまり、流動的状態とでも言うような、もっと大きな広がりとしての、新たに定義すべき「建築」なのではないか、という気もしてくる。そして、それがおそらく、塚本さん自身が直面し、まただからこそ実践を通して考えていきたい問題なのだと思う。

だからぼくは、このエッセイの最後の、「非施設から施設への還流」と題されたパラグラフで、具体的な道程が示されないことを残念には思わない。歯切れの悪さには、非施設が、施設に還流されうるものなのか、それとも施設に交代するもう一つの建築のあり方になりえるのか、そのあたりの、正当な迷いが表われている、と考える。

塚本さんのエッセイのなかで、もう一つ興味深かったのは、ネットワークについてのくだりだ。建築を建設するということに関わる、人とモノと技術のネットワークの、その質こそ問われなくてはならない、というところだ。

ここを読んで、ぼくなどは、建設を取り巻く有形無形のこういうネットワークの雲のようなものこそが、「施設」を越えた「非施設型」の「建築」なのではないか、とまで妄想した。実際、そういう立場に立つ建築家の建築も、一月号に掲載されているように思われた。ドットアーキテクツの《美井戸神社》である。

それで、小豆島に行ってみた。行ってみて、そこに豊かなネットワークがあることを実感した。《美井戸神社》が建てられた小豆島のことは、最近、よく耳にする。瀬戸内国際芸術祭のこと、古谷誠章研究室の空き家活用モデル地区事業のこと、西沢立衛さんや島田陽さんの作品のこと、大西麻貴さんと百田有希さんの滞在型ワークショップのこと。

小豆島町長の塩田幸雄さんが、一つの重要な結節点になっていて、瀬戸内国際芸術祭側と、北川フラムさんや椿昇さんを通してつながっている。芸術祭が終わっても、関わった建築家たちとのつながりがある。ドットアーキテクツも、二〇一三年の芸術祭で、《馬木キャンプ》の設計・施工以来のつながりだ。今では、その現場を常駐担当した向井達也さんが、「地域おこし協力隊員」として小豆島に住んでいる。

先の芸術祭で、ビートたけしさんとヤノベケンジさんが伸び上がる巨大彫刻を制作した。会期後、地元の人たちの間で、それを保存し祀る祠をつくろうという機運が高まり、ドットアーキテクツに設計を発注。それでできあがったのが《美井戸神社》だ。こうした、なにかを成し遂げる、あるいはなにかをつくる、ということを契機にした、それぞれは小さな試みがつながって、豊かなネットワークの「雲」が生まれている。

ネットワークのなかでも、直接的かつ身体的つながりと言えば、祭りだろう。《美井戸神社》は、そんな祭り的な人びとやモノのふるまいをデザインすることに主眼を置いている。つまり、屋が上下するという物体としての特性が第一義的に重要なのではなく、人びとが息を合わせて屋を上げたり下げたりする、その所作がモノとあいまって生まれる時間と情景こそがデザインの対象とされているのだ。

そのふるまいのシステムを、中心となって考案したのは、構造家の満田衛資さんだ。しかも、おもしろいことに、そのシステム、先行する《馬木キャンプ》を継承している。

《馬木キャンプ》も、《美井戸神社》も、壁体のないラーメンではあるが、柱脚金物が用いられていない。基本的な素材と技術だけでつくることができるように、より原始的な「掘立柱」形式が採用されているのだ。掘立柱になれば柱の根入れも大きくなる。しかし、地中深い基礎を設けるのではなく、基礎を地上に出して、独立したRC丸柱として打つことでそれを成し遂げ、かつそのことによって柱長も短くして、ラーメンを可能にしている。緊結に、まるで当然のように楔が使われているのも素敵だ。この形式が、神明造を原型とした《美井戸神社》でも採用される。神社は掘立柱、という歴史に、なんだか遡るようでおかしい。

柱は、どちらも組柱。ただし、《馬木キャンプ》は木の組柱で、《美井戸神社》は鉄の組柱。《馬木キャンプ》で木の組柱が採用されているのは、人力で持てる重さにするためと、それに梁

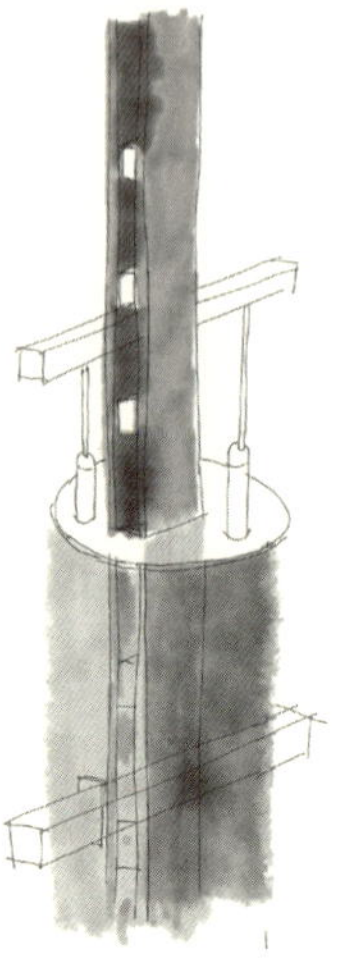

を挟むことでもっとも単純な結合にするためだった。その組柱の形状がそのまま、《美井戸神社》に採用されている。ただし、今度は、屋根を人力で上下させるディテールとしてだ。神明造の、二本の背の高い棟持柱と四周四本の柱の組み合わせが、いかに人力による屋根の上げ下げに好都合だったか。一月号の満田さんの文章にもう一度あたって、確認してほしい。

一貫しているのは、専門的な技に頼るのではなく、誰でもがつくれる造りとする、という論理だ。同じ形状の柱が使えたのは、まあ偶然ではあろう。でも、その底に一貫する論理があるからこそ、その偶然を発見することもできたわけで、そんなところにも、建築の歴史をもう一度辿り直しているような雰囲気が生まれる理由があるように思われた。

一言でいえば、《美井戸神社》は、構造システムが造形性を越えている。しかも、その構造は、力学的表現に向かうシステムとしてではなく、人とモノのふるまいを、もっともベーシックなところから立ち現われさせる方策として、築かれている。

こうしてみれば、一月号に掲載された三つのアトリエ・ワンの作品が「非施設型建築」であることはもちろんのことだけれど、《美井戸神社》もまた、一つの「非施設型建築」のあり方を示すものだと思われたのだった。

三月――図式と図式を超えるもの

長谷川豪建築設計事務所の《御徒町のアパートメント》は窓が少ない。そのため、部屋に入ると、周辺の町の様子があまり見えないというだけでなく、かなり暗い。ただ、暗くて不快かと言えばその逆で、落ち着いた、奥行きのある、居心地がいい場所になっている。むしろ、ほんのり明るく感じられさえする。幾重にも折り重なった布地の襞に包まれている感じ、と言ったらいいか。それも、なめらかでしなやかなシルクの襞ではなく、丈夫なのにさらりとした亜麻のリネンの襞に包まれている感じ。柔らかく、でもしっかりとしたベールに包まれながら、内に閉じこもるというのではなく、上下左右にごく接近して隣人が住んでいること、またその外に東京の下町の、アメヤ横丁や宝石卸問屋の町の猥雑さが広がっていることが感じられる。ここでは、そんなほとんど発明と言っていいような感覚が達成されている。

図式として言えば、南側に隙間が現われるようにL型と直方体の二つのボリュームを並べて置き、その上に、西側に隙間が現われるように、今度は二つのボリュームを平行に並べ、それを交互に繰り返すというものだ。そうすることで、水平方向の隙間がつくりだせる。さらに、それぞれのボリュームの形を微妙に調整し、垂直方向にも空に向かってまっすぐに開いた隙間もつくりだすことで、アパートメント全体が三次元的な隙間を持った塊になる。

この図式そのものは、かならずしも目新しくない。ちょっと気の利いた学生なら、きっと考えつくアイデアだ。逆に言えば、この建築の重要なところは、この図式そのものではなく、その先にある。それによってなにを達成しようとしているか、またそれを具体的にどのような方法で行なっているか、にある。

なにを達成しようとしたかについては、すでに書いた。町に字義どおりに開くことではなく、町との間に、感覚のうえでの、ある特定のグラデーションを持ったつながりをもたらすことだ。

では、具体的に、それをどう実行しているか。

まず、形態として、隙間の奥行きが公から私への感覚のグラデーションをつくりだしている、ということがある。つまり、隙間の外側から、奥に入るにつれ、隙間は徐々に、より親密に、また守られた場所になっていく。それは一つには、奥に入っても、外を見ることはできるけれど、外から見られる可能性は減っていく、ということがあるからだ。こういう、見ることと見られることの非対称が、公から私への感覚のグラデーションをつくる。だから、隙間が途中で折れ曲がり、奥からの視線がカットされれば、そこも「奥」になる。隙間による襞そのもので、所有感のグラデーションができる。

この所有感を実際の所有と一致させるのが、一般的な方法だ。たとえば、六階の住戸Jの隙間テラス。この隙間は、そのテラスの奥でクランクしていて、テラスがアパートメントのほかの場所から隠されている。それで、雨から守られ、風通しも良く、そして所有感が濃厚な場所が生まれる。椅子を出せば、格好の読書の場所になるだろう。住戸Jは、室内の空間とは別に、隙間をこんな具合に占有することによって、もう一つ素敵な居場所を持つに至る。住戸Jは、まるで奥庭のある京の町家のような奥深さのある住戸になっている。

八階の住戸Nの隙間テラスも、つくりとしては住戸Jと同じだ。ただしこちらは、東西に隙間が貫通する、そのただなかにあって、エレベータロビーからの視線にまっすぐ晒されている。所有はしている。でも所有感が薄い。この所有感と実際の所有のズレは、かつての東京下町の路地にもあった。もともと、路地は誰もが入って来てよい公共空間ではなかった。入ろうと思えば、入ることはできる。でも、そこは、軒を並べる長屋住人の生活が溢れる、住人たちだけの場所だった。逆に言えば、この所有感と実際の所有のズレが、そこに住む人たちのコモンをつくっていたのかもしれない。住戸Nの隙間テラスは、こうしてこのアパートメントの公と私の中間に、住人たちの間の関係をもたらすことだろう。

こういうズレを、さらにもう一度ズレさせているのが、三階の住戸Dだ。部屋のなかから窓越しに、隙間テラスが見え、その向こうに町が切り取られて見える。七階の住戸Lだったら、そこから見えるのは隣の住戸のテラスだ。隙間の奥の所有感の濃厚な場所が自分の部屋で、それより外側にあるテラスは隣の人の所有。自分の居場所が隣の人の視線に晒される可能性がいつだってある。所有感と実際の所有のあり方がズレている。ところが、住戸Dから見えているのは、隣の

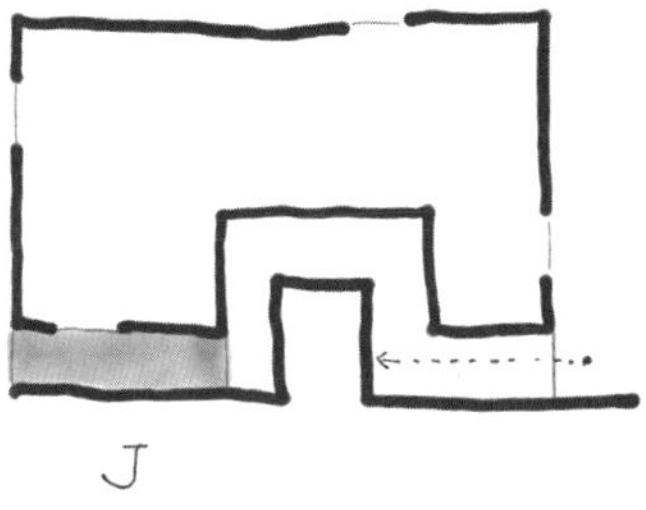
J

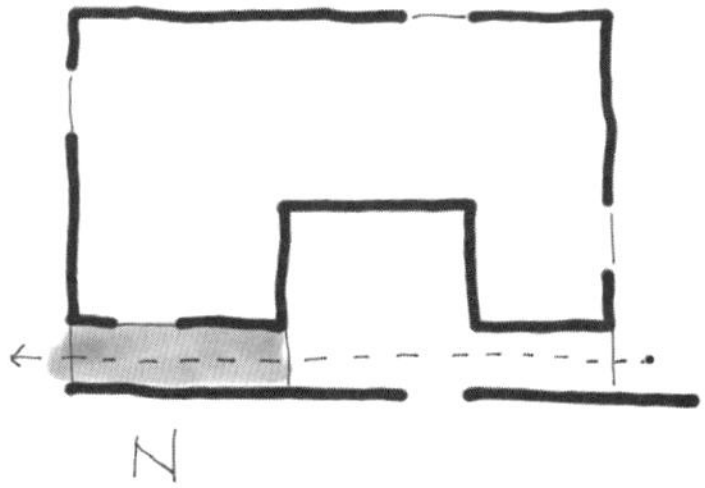
N

住戸の隙間テラスではなく、自分の隙間テラスなのだ。ずれていると思ったのが、実はズレていないというズレ。ここには、所有感と実際の所有の関係が、公と私の関係が、一度撹乱されたうえで、一周して一致するというユーモアがある。

町という公の空間があって、住戸という私の空間がある。また一つの集合住宅として、他の住人の生活があって、自分の生活がある。公と私のあわいにあるのは、この二つの軸からなるマトリックス上に位置づけられるさまざまな関係だ。

こうして、《御徒町のアパートメント》は、まるでそのすべてのバリエーションを挙げてみせようとしているかのように、襞という形態が自然に発生させる所有感と実際の所有のさまざまな組み合わせ方をつくりだすことで、公と私の間に考えられる色とりどりのニュアンスを醸しだしている。もちろん、隙間それぞれのプロポーション、サイズの的確さがベースにはある。しかし、こうした所有なり占有という、いわば「意味づけ」の操作があってはじめて、襞は、図式そのものがもたらすことを遥かに超え、豊かな公と私の絡み合いを含んでくる。

図式の存在を表現するようにつくられる建築がある。そのために、図式のストレートな視認を邪魔する要素を排除する。手すりを強化ガラスでつくり、その存在を隠す。素材の種類を減らし、空間の形、サイズ、プロポーションの操作を目立たせる。長谷川豪さんの建築を特徴づけるのも、こういうふうに図式を純化させる方向でのデザインだ。この建築でも、テラスは、住戸ごとのボリュームが二つ、上下に重なったときにできるズレからつくられる。言葉で言うと少々わかりに

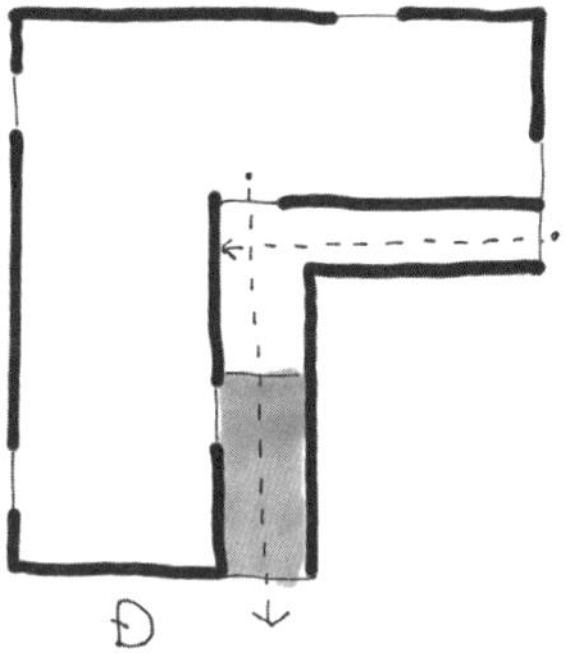

D

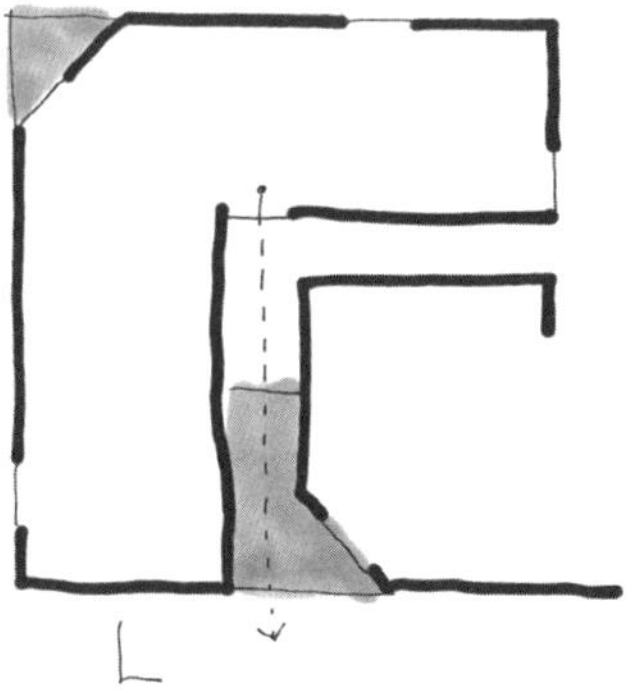

L

くいが、上の住戸のボリュームが乗っかっていない下の住戸のボリュームの部分が、テラスとして使われている。付加とか削除とかいう操作を加えず、住戸ごとのボリュームを積むという、この建築の基本的な操作だけで、テラスができているのだ。

ただし、こういう図式の純化というのは、この建築の一つの側面にすぎない。その図式を使って、なにをどのように実現させているか。それがあってはじめて、最初に書いたような「柔らかさ」が生まれる。残念ながら、そのことは写真では、いや、写真だけでは、と言い換えた方がいいかもしれないけれど、伝わらない。どこを誰が所有しているか、という意味情報を受けとれてはじめて得られる感覚だからだ。

写真だけではわからないのは、かならずしも悪いことではない。だって、ぼくたちの現実の生活は、視線だけでできていないのだから。

四月——空間をチューニングするということ

《東京国立近代美術館所蔵品ギャラリー リニューアル》を手がけた西澤徹夫さんは、かつてぼくの事務所で《青森県立美術館》を担当した、いわば「身内」である。そういう人が設計したものを褒めるのは気がひける。また、この改修後の空間を訪れ、改修前との、そのあまりの違いに驚いたのは、ぼくがたまたまそこに昔からよく通っていたからで、誌面で関心を持ち訪れたわけではない。ということは、誌面で見落としている良い建築も多々あるはずで、それも気がひける。にもかかわらず、ここで触れるのは、その良さが誌面からあまりに伝わってこないからだ。

正直、以前の展示空間は、悪かった。二階、三階、四階と、三つの階にまたがる所蔵品展示のための空間である。しかし、その主たる縦動線であるエレベータが端にない。また、展示室の平面形が途中でくびれていて、階を一周回って、もとに戻ってくるという順路に向いていない。なのに、明治から現在までの作品を時代順に辿っていくという展示構成。それで普通は、進んだ先の階段を使って別の階へ、ということになるのだが、これがなんとも裏階段のよう。しかも、柱を隠すというルールで壁が立てられているため、空間的に不適切な位置に壁ができている。空間体験にメリハリがない。全体のなかで、今どのあたりにいるのかがわかりにくい。いらぬところで、ずいぶん後に見るべき作品が先に見えてしまう。まるで仮設会場で作品を見せられているよう。つまり、無理な一筆書きの動線になっていて、空間と展示が合っていない。さらには、黒色のフローリングには艶があって、そこに照明が映り込んでいる。作品も映り込んでいる。

そのリニューアルである。実は、展示室としてのこの基本的な骨格は変わっていない。時代順という展示構成も変わっていない。なのに、まったく印象が一変した。やっと「くうき」が通ったという感じ。

行なわれたことの一つ一つを挙げれば、小さいことばかりだ。大金をかけた全面的な改修ではない。床の反射を抑える。サインやキャプションを統一する。エレベータからすぐの場所に手を入れ、来訪者を、その存在さえ知らなかった展望室に、自然なかたちで誘導する。展望室のサッシの窓台にアルミ板をつけ加え、「眺めの良い部屋」にする。ワイヤーチェアの塗装を剝がし、クロームメッキを施す。その座をグレーの生地に張り替える。そのグレーに合わせ、オレンジ色のカーペットを使う。全体的には、一続きの部屋という方針から、小部屋の集合という方針に切り替える。柱を独立柱として露出することを許し、それぞれの小部屋のスケール、プロポーション、そのシークエンスを整える。本人の解説から言葉を拾えば、際限ない「チューニング」を行き渡らせる。

チューニングとは、狂った調べを正しい調べに調整する、という意味だ。ピアノなら正しい音律に、ラジオなら正しい周波数に。弦を締めて音を上げたり、緩めて音を下げたりして、良い響きを探す。あるいは、ツマミを左右に回し、きれいに音が出るところを探す。

良く響くところは一つだけではない。音律にはオーセンティックなピッチもあるけれど、若干上げたのを好む奏者もいる。ラジオなら、もちろん、局ごとに周波数は違う。試し、探し、この響きで良いと判断できるツボは複数ある。このことは、チューニングということが、一つの理想からの具体化というのとは逆の方向を持った行為であることを暗示している。つまり、チューニングとは、目の前の具体からはじまって、それを一つの理想を体現した具体に近づけていく行為なのである。

チューニングが開始される段階では、明確には目的地は見えていない。わかっているのは、その目的地に辿りついたときに感じられるはずの漠然とした気分、「気持ちよさ」だけだ。なにかを試す。設計では、現実に試すのではなく、頭のなかで試す。それで目的地に近づくのかどうかをそのたびごとに考え、判断する。目的地が見えているわけではない。いわば、光のわずかな変化を嗅ぎ取りながら、霧のなかを進む感じ。目的地が見えたときにはじめて、理想と具体が合致して、結果として、目的地が知れる。

こうした設計の仕方が嫌うのはコンセプトという言葉だ。まず目的地を決める。すると、設計というのはその目的地に近づくための技術にすぎなくなる。コンセプトという言葉が出てくるときには、そういう思考が背景にある。いかにきれいなコンセプトをつくるか。いかにきれいにコンセプトが見えるようにするか。そういう考えに飲み込まれるとき、建築はメディアに堕ちる。

チューニングというのは、コンセプト批判でもある。

鈴木了二建築計画事務所の《物質試行55 BRIDGE》は、これだけを取りだして、独立した作品として見るものではなかろう。もちろん、この橋の、構造体としての美しさ、また手すりなどがその構造体と同じ階層でつくられていることなど、訪れてみて、すばらしい構築体だったことは言うまでもない。しかし、これは、江戸の庶民信仰からつらなる金刀比羅宮全体に、どのようにして異物である現代の建築が挿入されるべきか、またその結果、どのように金刀比羅宮全体の環境が変質するのか、という視点で見られるべきものだ。氏のかつての設計である緑薫殿、神札授与所、社務所を含めて、金刀比羅宮のひとつながりのチューニングとして考えたい。

西沢立衛建築設計事務所の《日本キリスト教団 生田教会》も、首都圏郊外の丘陵地における住宅地の、一つのブロックの、すばらしいチューニングだ。まわりを家々に囲まれたなかに、できるかぎりそれらの屋根のスケールに近い、斜めの矩形平面を立体的に配置する。この素直な、あまりに素直なとっかかりは、コンセプト以前、というより、もうコンセプトの放棄に近い。いわば抽象化された既存部とでも言える、宙にばら撒かれる矩形切片を使って、ここに集まる会衆に、そっと雨をしのぐだけの屋を架ける。そのあり方は、まるで原初の礼拝の空間さえ思わせる。そうして、まわりの住宅、教会堂としての内部空間、駐車スペースである空地としての庭に、爽やかな「くうき」を行き渡らせる。この設計の力点は、その状態に持っていくための繊細

なチューニングにある。

自己主張をしていない。うっかりしていると通りすぎてしまう。この教会堂は明らかな存在であるにもかかわらず、まわりの建物の「仲間」として感じられる。そして、その「仲間」が加わることで、まわりの雰囲気がちょっとだけ明るくなる。

それ自体で目を惹くのではなく、その場の「くうき」をつくる。これがチューニングというやり方の生みだすものなのである。

五月――こどもたちのための空間とは

四月号は、保育施設を特集に組んで掲載している。

今月は都内の五つの保育施設を回るのが精一杯だった。できるかぎり、全国、隈なく拝見したいとは思っている。なかでも、yHa architectsの《小田部保育園》には行きたかった。というのも、これは、二〇一五年度にはじまったばかりの「小規模保育事業」を前提にして建てられた、ほぼ最初の取り組み例の一つだからだ。この事業は、〇－二歳児に待機児童が多いことを解消するために、今まで認可対象外だったこの年代の定員六－一九人の小規模施設を認可対象とする、という制度。制度がうまく運用されれば、今までなかった、家庭的な雰囲気のこじんまりとした保育施設のビルディング・タイプが生まれるはず。しかも写真で見るかぎり、それが実現されているように思われるだけに、伺えず、悔しかった。

保育園で実際に拝見できたのは二つ。石嶋設計室による《グローバルキッズ武蔵境園》は、隣地と道路に挟まれ、高架下に細長く延びた敷地という、特殊な立地条件にある認証保育園である。念のため捕足しておけば、認証保育園とは、国が認可保育園として認める設置基準には達していないが、大都市の保育ニーズに応えるため、東京都が独自に設けた制度のことである。そもそも制約が多い立地条件である。それがここではさらに、高架構造体とは縁を切らなくてはならない、重機による揚重《ようじゅう》が使えない、などの制約も加わっている。そんな厳しさのなかで、廊下を「もうひとつの保育室」として、電車遊びができるような空間に仕立てるなど、設計はよくぞ、がんばった。心配していた騒音や振動も、外に出て高架下にあったことを思い出すほどのレベルだった。

制約が厳しいこの保育園と対照的なのが、16アーキテクッ＋Smaによる《新栄保育園》である。こちらは高層集合住宅の足元につくられた認可保育園で、しかも国の設置基準を優に超える充実した施設である。外に対してはやや閉じながらも、園の内側では、視線がどこにも通る開放的な空間が達成されている。それでも茫漠とした一室空間にならないよう、天井高、床の段差など、きめ細かい配慮が行き届いているのが良く、とくに「いちばん難しい年頃の」二歳児のための空間は、心理的には上の歳のこどもたちと関われつつ、物理的には距離を置けるようにした空間構成になっていて、巧みだった。

幼稚園で訪れることができたのは三園。その一つに、大高建築設計事務所が設計して一九六六年にできた《立川幼稚園》がある。一九七三年の《広島基町・長寿園高層アパート》の先駆として、平面を四五度振ることにより、稠密な都市のなかでも、二方向からの採光や換気またプライバシーのある小庭が得られるとした計画である。たしかに、この園は女子高校附属幼稚園で、敷地の一角を占めるその建ち方は、周辺の東京郊外市街地スケールに、想像以上に大きい遊戯室も含め、違和感なく収まっていた。平屋で、自然の採光や換気で快適な空間を、という考えは、まだ空調が一般的でなかった時代にあって適切な目標設定だっただろうし、その後の人工的環境制御時代を経て、大震災後の現在、電源喪失時でも最低限の快適性が担保された「ベーシックな環境」が一巡して求められるようになってきたことを考えあわせれば、現代的意味があると言えよう。とはいえ、部屋ごとの独立性が高いことは、「見通しの悪さ」と引き換えであって、その点において、現代の保育施設としてのニーズには応えられていないようではあった。

手塚建築研究所の《ふじようちえん キッズテラス》は、楕円平面の園舎への、英語教室《Ring Around a Tree》に続く増築である。外観として、低く水平に広がる楕円空間に対して、縦方向に積層するジグラートのような造形という、おもしろい対照を成すだけでなく、楕円園舎を特徴づける大屋根を動線空間に利用することで、ジグラートの積層するテラスと接続する外部空間の領域が充実したのがいい。内部空間としても、楕円園舎の、可動の間仕切りばかりのワンルームを補完するように、こちらでは、やや落ち着いた部屋が集積している。増築されてはじめて既存部との補完関係が発生することに気づく。これは、ある意味、理想的な増築の仕方、チューニングの仕方である。加藤積一理事長・園長先生から直接、ご案内いただいたけれど、ベースにモンテッソーリ教育の思想がある、という以上に、氏の強烈なキャラクターがそのまま建築空間として形づくられているのだ、と思った。

そう、保育施設は、園長次第なのである。それと、運用者次第。園の経営母体は、公営、社会福祉法人、学校法人、民間企業に大きく分かれる。複数の施設を経営する団体なら、その母体ごとに、経験と判断とノウハウが蓄積される。それが暗黙の、あるいは明示されたルールになる。そのルールと園長の人格が掛け合わされたものが、その園の姿である。たとえば、園庭や園舎内の園児たちが覗かれないよう、どの程度の開放度を許容するか。園児を閉じ込めるのはかわいそうな一方で、犯罪者から守らなくてはならない。この相反する二つの課題をどう判断し、解決するか。リスクとプロフィットの組み合わせを共有するのか。それとも、保護者と経営者間で責任の所在をはっきりさせ、リスクを最小限にするのか。こういうことは、基本的には、建築家が答えられる問題ではない。それは、経営の問題であり、経営者あるいは園長の思想の問題であり、社会のコンセンサスの問題である。建築家は、それを受けて具体的な形にするまで、なのだろう。

では、どこに建築があるのか。一九六七年の、丹下健三＋都市・建築設計研究所による《ゆかり文化幼稚園》が、それに答えてくれた。扇形に広がる、やじろべい型の構造体が連結されてできるアーチの屋根架構が階段状に積み重なって、空間の骨格をつくっている。上っていくと、屋根の下に、外なのに絨毯が敷かれた、半円形のしめやかなアルコーブに出くわした。すぼまった側の凝縮したアーチでは、光が溢れ、奥の広がった側のゆったりとしたアーチでは、逆に洞窟のように闇が訪れている。

幼稚園という機能以前に、時に元気いっぱいはしゃぎ、時に落ち込みしょげるこどもたちをそのまま受け止めてくれる、こどものための空間なのだった。こどもを未発達な人間として見る視

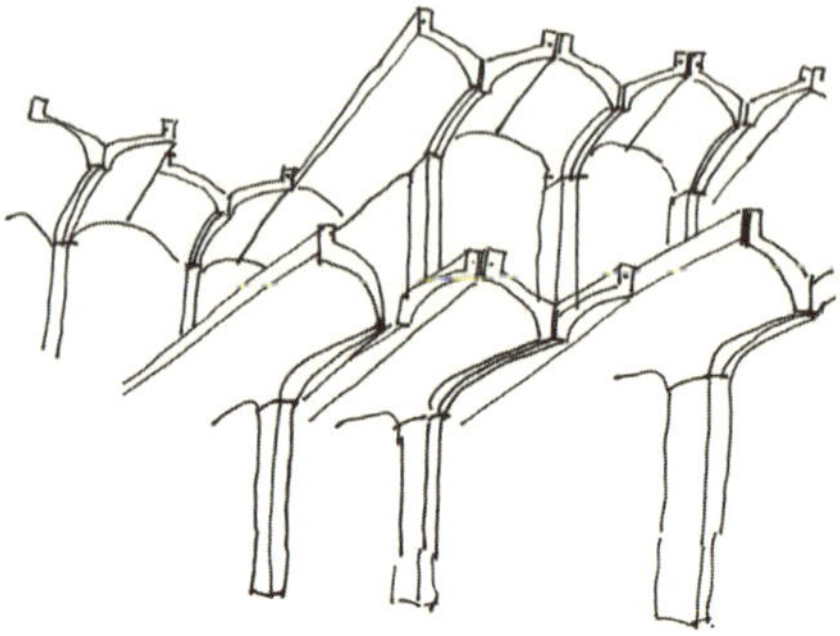

線ではなく、おとなと同等の、いやもしかしたら、それ以上の存在として見る姿勢に満たされたこんな幸せな空間に、本当に驚いた。藤田厚生理事長・園長先生がおっしゃるには、丹下事務所は、設計に先立って一年間、ここでどんな保育をしているか調査研究したうえでつくってくれた、とのこと。「人間的アプローチ」は、よく調べてニーズに合わせる、のではなく、機能からはみ出る「余白」をつくったのであり、その行ないがたぶん建築であり、文化なのだと思った。最後に、園長先生が、「ゆかり文化幼稚園」の「文化」というところがミソですね、と言われたのが、心に残った。

六月——一般の人は建築のなにを見ているのか

《静岡県草薙総合運動場体育館》の前で、なかを覗きこんでいたら、自転車に乗った近所のおじさんが話しかけてきた。「いい体育館でしょう。なかに入るとねえ、木の匂いがいっぱいするんですよー」。

満面の笑みを浮かべたその自慢顔に、これこそ公共建築の理想だなあ、と思った。「かっこいい」でも、「立派」でも、「使いやすい」でもなく、「いい匂い」。ここにいるだけで、いい感じがする。そんな場を、ぼくたちは持っている。使う人がそんな誇りを持てることが、公共建築の出発点であり、到着点ではなかったか、と改めて思ったのである。

出発点と到着点があれば、その間に挟まる途中がある。利用者からすれば、それが機能性、シンボル性、創発性などであるだろう。建築家からすれば、「建築」としての完成度、新奇性、批評性などであろうか。出発点と到着点が同じでも、利用者と建築家では、途中経路が違う。なにも、公共建築に限った話ではない。どんな建築でも、一般の利用者と建築家では、見えているものが違う。

たとえば、《ミュウミュウ 青山店》は、建築の専門家なら、まずは構成の妙を見るだろう。閉じた箱をちょっと開いてみせる、そのジェスチャーによって全体を統一された建築、というように。外から見れば、そっけない箱。その蓋がちょっと開いて、内が見える。閉じつつ開く。そのアイデアもいいし、この場所での、その具体的なあり方も絶妙だ。しかし、道行く人は、そんな分析をしない。五感で感じて、気に入るか入らないかだけのことだろう。

デザインの文脈で見れば、手を施すところと施さないところの区分けが画期的だ。エクステリアには手をつけない。つまりエクステリアを人びとの意識から消す。普通は逆で、エクステリアに意識が行くようにデザインする。つまり、ここではデザインの常套が覆されている。それが画期的なのだが、これも一般の人には伝わらないことだろう。

エクステリアを消すことで、浮き立てているのは、エクステリアの裏地だ。まるで宝石箱の内側に張られるビロードのクッションのように、美しくエンボス加工された銅板が、たっぷりとした裏地となっているのが、外から垣間見える。それだけではない。その視線はいつしか、そのエンボス柄に合わせた銅板間の工芸的なジョイントパターンに引き寄せられていく。そう、素材以上に縫製にこそクオリティは表われるものなのだ。さらに、そのジョイントパターンが、ブロケード張りの壁面にも、転移されているのが目に飛び込んでくる。

実は、この建築にはインテリアという概念がない。エクステリアが括弧で括られているのだから、それと対になったインテリアもなくなるのは、まあ当然と言えば当然の話。エクステリア／インテリアの枠組みでのデザインから脱却して、仮想エクステリアの裏地という新しい枠組みでのデザインが行なわれている。裏地が内装に取って代わる。おお、その手があったか、とここにぼくはいちばん感心した。それはともかく、この建築は、きわめて論理的に歩を進めて到達した画期的なデザインなのだ。が、このことは、一般の人にとっては、きっと、どうでもいいことだろう。

ところで、そういう構図のなかで、かなり建築の専門家寄りの立場で店舗をつくっているのが、プラダとその姉妹ブランドであるミュウミュウである。ヘルツォーク&ド・ムーロンを起用している、ということだけではない。それ以上に、建築あるいはデザインの文脈での評価に重きを置いている、ということがある。なぜそんな戦略が可能かと言えば、ファッション・ブランドの文脈と建築あるいはデザインの文脈はそもそも近いところがあるわけで、仮にその内容が一般の人には正確にはわからないとしても、デザインの世界に属している、というメッセージだけでも十分な価値があるからだ。一般の人が見るときの見え方と、デザインの世界から見るときの見え方がまるで違う。にもかかわらず、それらまったく異なる見え方を、そのまま一つの建築に共存させようとする。それが、プラダとミュウミュウの立場である。

それで不便はある。ファッション・ブランドは、時代とともに移ろう流行を扱うわけだから、つねに鮮度が必要になる。となれば、エクステリアはともかく、インテリアはつねに、しかも自由にアップデートしうるようにしておきたいところだ。しかし、インテリアに取って代わった裏地は、この建築のデザインの肝。そうそう簡単には変えることはできない。

そういう不便が少々あっても、デザインの文脈での見えを自立させる。そこに、このブランドのユニークさがある。

ファッション・ブランドの店舗建築の場合、大きく言って、三つの文脈がある。消費者から見ての文脈、建築なりデザインの世界から見ての文脈、それから、ブランドの経営的側面からの文脈である。消費者がいなければ経営は成り立たないので、ブランドの独断はない。あれば、ブランドは立ち行かなくなる。三つの文脈は、いわば持ちつ持たれつの関係と言ってよく、ブランドごとに、それらの関係をどういう形にするか、創意工夫をする。そこからのブランドの独自性が生まれてくる。

振り返って、公共建築を見れば、ここにも三つの文脈があることがわかる。利用者から見ての文脈、建築なりデザインの世界から見ての文脈、行政から見ての文脈である。

巻頭、建築論壇の論文、なかでも小野田泰明さんの「公の施設をどう考えるか」は、本来的に、この三つの文脈が、持ちつ持たれつの関係であることを指摘している。そして、人口縮減という社会の大きな構造的変化のなか、硬直化した「公共＝行政」の制度による拡大再生産から脱却し、もう一度、利用者の文脈から「公共＝住民自治」を組み立て直すことの大切さを述べられている。そう、実際に使う人たちに、建築家は向かい合わなくてはならない。

そこで、問題はふりだしに戻る。一般の利用者と建築家では、同じものを見ても、見えているものが違う。それをどう捉えるか、である。

内藤廣建築設計事務所の《静岡県草薙総合運動場体育館》は、建築の文脈で見れば、構造形式そのものがストレートに意匠になっていることに、そのすばらしさがある。列柱があって、その上に免震装置が乗って、水平スリットが生まれる。そこに、スラストを負担するRCのリング梁が乗り、それと大屋根鉄骨トラスの間に、スギ集成材の円環状に配置された列柱が挟まる。「建築」への信頼に溢れた、衒いのない作品である。

たしかに、一般の人に見えていることと違っても、「建築」としてそうであることで、一般の人の無意識に伝わることがある。丹下健三は、それを「内的リアリティ」と呼んだ。さて、以来六〇年経った今も、その議論は有効なのか。

そこからぼくは、今、公共性を考えてみたいと思っている。

七月——都市のような建築

飯田善彦建築工房の《龍谷大学深草キャンパス 和顔館》で、軍艦島を思い出した。建築と土木の区別がなくなって、立体的な都市になっている。何枚もの長大なスラブを重ね、それらを渡り歩く新しいキャンパス体験が生まれている。しかも、無駄なく清潔簡素なのに、その長さをちっとも感じさせない豊かな濃淡の襞があって、どこをとっても快適な空間になっている。こんな「都市のような建築」、そうそうできるものではない。

「都市のような建築」は、小嶋一浩+赤松佳珠子／CAtも追求してきたテーマだ。小学校や中学校は、そのテーマにもってこいのビルディング・タイプである。最初の実践は、まだ「シーラカンス」時代、一九九五年の《千葉市立打瀬小学校》（以下、《打瀬》）だったはず。あれから二〇年もの時間が経っている。

人それぞれが、それぞれの欲望を持って、そこかしこで、それぞれの生活を営む。人の密度が上がれば、あちらで同調が起こる一方、こちらで軋轢が生まれたりもする。そんな押し合いへし合いの結果、長い時間をかけて、なんとなく秩序があるような、でもやっぱりバラバラな場所が生まれてくる。それが、自然発生的な集落や都市というものだろう。けっして均質な空間ではないけれど、全体としてはアイデンティティが感じられるくらいには、筋が通っている。

人の自発的な生活を大事にするなら、自然発生的な都市は、一つの格好のモデルになる。問題は、それをどう人工的につくるかだ。人工的な都市は、おおむね、全体の構造の計画からはじまって、順次、細部に落とすという流れでつくられる。しかし、こうしたトップダウンの方法は、統制のとれた、無機的で、「人間味」のない都市になりがちだ。では、細部の隣接関係から、順次、全体を築き上げるボトムアップの方法がいいのかと言えば、隣接関係が静的なものではなく流動的である以上、それだけでは、一時的な状況の永続的な固定を招いてしまうだろうし、そもそも混沌しか導きだせそうもない。つまり、人の自発的な生活を大事にするなら、そのどちらにも属さない「非計画的な計画」が必要になる。では、どんなものかといったあたりが、小嶋さんや赤松さんの問題意識だろうし、ぼくもそれを共有する。

《打瀬》と《流山市立おおたかの森小学校・中学校／おおたかの森センター／こども図書館》（以下、《おおたかの森》）は、二〇年の隔たりが感じられないくらい、ある面では似ている。フェンスや校門がない。通り抜け可能なパスがある。昇降口が分散されている。中庭を取り囲む教室群がある。裏がなく、行き止まりがない。移動の自由度と選択性が確保されている。体育館が一種の広場みたいになっていて、そこを校内動線が経由する。南面一文字型教室配置ではなく、オープン化されたクラスセットが四方に広がる構成になっている。外に、石の球がグリッド状に並べられているのを発見したときなどは、ついつい、「お久しぶり！」と声を上げてしまったほどだ。

違いは、都市空間からの直接的な引用がなくなったことだろう。《打瀬》には、世界中のいろいろな街の風景をどこか彷彿とさせる場所やモノが、詰め込まれていた。列柱が屹立する大きな吹き抜け。両側の切り立った壁に挟まれた向こうに、広々とした校庭が眺められる路地。さまざまな連想をもたらす要素が至るところに散りばめられ、スケールとプロポーションの点でも統一を欠いていた。きっと、カオスとしての都市、という観念に、牽引されていたのだろうと思う。《おおたかの森》では、それが完全に払拭されている。つまり、L型平面のコンクリート壁を配置して空間をつくる。部屋という単位より小さく、また空間ではなくモノを単位として、その配置だけで場をつくっているのだ。床があって、そこにL壁を置く。その稠密度と向きで、場所ごとの特性が生まれる。ちょうど、樹木の配置と密度で森の個性が決まるようなもの。L壁以外の要素を無節操に使わない。可能なかぎり、L壁だけで賄う。階段空間もL壁の組み合わせ。ハイサイドライトでもL壁を使う。その意味で、《おおたかの森》は、まったくカオスではない。完全にコントロールされている。なのに、完全に均質ではなく、かと言って、強いメリハリがあるわけでもなく、場所ごとにゆるやかな変化を持った「場」ができあがっている。

そのゆるやかさが、空間と人の行動の関係を、うまく調停している、と思った。つまり、空間が人の行動を誘うきっかけにはなっているけれど、行動の内容を強制していない。開口を開けたままの、じつにオープンなクラスもあれば、パネルでそれとなく開口を塞いで使っているクラスもある。それぞれが使い方次第で、プライベートとコモンとの間の、好きな状態にチューニングすることができる。もはや、プライベート／コモンといった区分からはじまる論理の組み立てが無効になっている。人の自発的な行ないをどう許容するか。そんな包容力のある空気感の達成が、今、彼らが辿りついている「都市のような建築」の目標なのだろうと感じた。

全体をプライベートな領域とコモンな領域に分け、それらの組み合わせでメリハリのある空間とする、というのではなく、もっと「寸胴」の空間がいいという感覚。不均質さと均質さが、穏やかに同居する全体をつくりたいという感覚。そういう感覚は、乾久美子建築設計事務所の《七ヶ浜町立七ヶ浜中学校》（以下、《七ヶ浜中学校》）にも見いだすことができる。ただし方法としては、《おおたかの森》と、ちょうど逆向きのベクトルで。

《おおたかの森》が、L壁のばらまかれた「場＝フィールド」がまず設定され、それが濃淡をつくる、という順番の設計であるのに対して、《七ヶ浜中学校》は、もともとプライベートな領域でできている全体があって、その一部がわずかにコモンな領域に変質される、という手順を踏んでいる。つまり、《七ヶ浜中学校》は、従来的な片廊下型教室配置をロの字型に回してできた輪っかを、チェーンのようにつないでいく、というつくりなのだけれど、そのつなぎ目で、それぞれの輪っかの境を溶かして融合させ、そこをコモンな領域とする、というところにミソがある。

洒落ているのは、平面的に大きな無柱の空間が生まれるその融合部で、天井高を変えず、廊下がそのままフワッと広がっただけのように見せる、そのさりげなさだろう。結果、小さな空間と大きい空間があってそれが組み合わさったという印象は皆無で、基本的単位の連続が、ところどころで広がったり狭まったりして穏やかな変化を見せる川の流れのように感じられる。「リトルスペース」と呼ばれる空間は、その川に点在する石のよう。

人の自発的な生活を大事にするなら、人の行動を空間が先取りして、人の行動を強制してしまうようなことは避けるべきで、空間は場所ごとで微妙な質の差を発生させながらもニュートラルなものになる。そんなことを確認した。

八月——マクロから見るか、ミクロから見るか

TODという言葉は知らなかった。Transit Oriented Developmentの略で、ターミナル駅周辺に都市機能を集約させていく都市開発手法のことなのだそうだ。七月号の「Message」ページの「都市の未来を語る——シンガポールと日本の都市開発」に、そのTODは日本が発明したもので、今後の世界をリードしていく、という話が出てきて、のけぞってしまった。なんと、その点で「東京は、世界でもっとも進んでいる都市」と言うのである。

たしかに、最近邦訳されたレム・コールハースの『S,M,L,XL+』（二〇一五年）に収録されている「シンガポール・ソングライン」を読んで、日本が理論として築いたメタボリズムを実現したのがシンガポール、ということが書いてあった。そんな見方があったのか、と驚いたばかり。ぼくたちがかならずしも特別のことと思っていないものが、実は「世界をリード」している。ほんとかなあ、と思うと同時に、好き嫌いではなくもっとドライに、もっと大きな視野で物事を見なくては、と思ったりする今日この頃である。

TODの例として挙げられているのは、品川、渋谷、池袋で、なるほど、駅構内に店舗が増え、駅ビルが大きくなり、夕ご飯の材料を町に出なくても、広大な駅地下で調達できるようになった。

さらに仕事場や住まいや病院を駅に併設してしまえば、もう町に出る理由もなくなる。いつか、駅から駅へとトランジットしつづける毎日なんて生き方も生まれてくるかもしれない。鉄道の駅だけでない。国際空港も、そんな方向に進化してきている。空港で会議をして、空港のホテルに泊まる。町には出ないで、そのまま他の国に飛ぶ。

映画『未来世紀ブラジル』(一九八五年)に、ビルボードが両側に途切れなく並ぶ高速道路の外に砂漠が広がっているシーンがあったけれど、人っ子一人いない荒涼とした自然のただなかを、人工的な華美を謳歌する交通網だけが張り巡らされているという風景は、たしかに、一つの未来の像なのかもしれない。

私事で言えば、自分の仕事をはじめた頃、よく「動線体」という言葉を使っていた。町でも、建築でも、「つなげられるもの」と「つないでいるもの」でできている。「つなげられるもの」とは、目的地になっている場所のことで、町で言えば建物、建築で言えば部屋などのこと。一方の「つないでいるもの」とは、その目的地への動線空間で、町で言えば道や鉄道、建築で言えば廊下や階段である。

普通は、「つなげられるもの」があるから「つないでいるもの」が生まれる、と考える。しかし本当はその逆で、「つないでいるもの」が先なのではないか。

まずは、動きまわるということがあって、そこから徐々に、そこで行なわれることが析出されていって、最終的に、機能空間として固定していくものなのではないか。であれば、もう一度、

「つないでいるもの」だけの状態から、建築をやり直せないか。そんな仮説を「動線体」という言葉で言おうとしていた時代がある。

ＴＯＤということを聞いて、そのことを思い出した。しかし、不思議なことに、ふだん、駅を使っていて、駅の最近の変化を見ているはずなのに、ぼくにとっては、これまで「動線体」とつながったことが一度もなかったのである。

なぜなのだろう。そう思いながら、続くページで特集されている「今、建築・都市にどう向き合うか」を読みはじめ、気がついた。一見、同じことを志向しているように見えても、実は、まったく違うことだったのだ、と。

マクロとミクロの、どちらかから見るかの違いにすぎない、という言い方は、たいていの場合、マクロの側の立場から発せられる。引いて、遠くから見れば、同じことじゃないか。そういう捉え方をするところが、逆に言えば、マクロがマクロである所以ではあるのだが。

大局から推し量って、細部のあり方を決める。その思考法自体がまずいんじゃないか。そういう感覚が生まれたのは、おそらく、一九七〇年くらいのことだ。今、世の中はこうなっている。だから、これからの建築はこうなる。そういう考え方や言い方が、もうそれだけで、胡散臭く思われるようになった。時を同じくして、いわゆる「都市計画」が輝きを失った。建築は、都市計画から切り離され、都市に背を向けた。そこには、たしかに都市への絶望という側面もあっただろうけれど、それ以上に、上位概念から下位概念を演繹する論理への「否」があったのではないだろうか。

近視眼的に、まわりを見たときに、視野に飛び込んでくるものは、ではなんだろうか。

それは、「地域の小さなコミュニティ」（studio velocity）であり、「建築が街に現われるその瞬間」（畝森泰行）であり、「見えない小さな繋がり」（萬代基介）であり、「莫大で複雑なモノのネットワーク」（能作文徳＋能作淳平）であり、「絶えず流動している状態」（米澤隆）であり、「ささやかな行為」（TERRAIN architects）であり、「均一な合理性だけではない、個性や悦び」（中川エリカ）であり、「場面の抑揚」（大西麻貴＋百田有希）であり、「新たな主体が求める場」（中村真広）であり、「それまで見えなかった色の変化」（森山茜）であり、「関係者ひとりひとりの枠組みにとらわれないチャレンジという小さな越境の集積」（岩瀬諒子）であり、「この世界のあらゆる些細な情報、まったく個人的な問題、多くの人にとっては取るに足らない無価値なものたちが、さまざまに結び付けられ、並び替えられ、保存されていくという、新しい建築のかたち」（4C3architects）であり、「社会の問題にコミットし、空間や環境の視点から課題を解決する仕組み」（モクチン企画）であり、「ささやかに思えるものたちの、たしかなリズムや振る舞い」（tomito architecture）であり、「思うように描くことのできないカンバスのような対象」（永田康祐）である。

特集に登場する一五組の若手の言葉を拾っていくと、まるで一人の人が語っているようにも聞こえてくる。もちろん、それぞれが向かう方向は違う。しかし、彼ら彼女らがまわりを見渡したときに見えたものは、マクロに還元されようもない、ヒトとモノがあいまって生まれ、変化する「取るに足らない」情景なのだと思う。

神経系で人間を捉えれば、脳を冠に戴く中央集権的なシステムが浮かびあがる。免疫系で捉えれば、それぞれは「ささやかな」抗原抗体反応が連鎖して機能する、まったく別のシステムが浮かびあがる。同じ人間であっても、神経系的意義を持つ器官があり、また免疫系的意義を持つ別の器官がある。それぞれの器官は共存するけれど、一致はしない。

という意味では、ミクロの視点で構築された建築は、マクロの視点で構築された建築とは、自ずと異なってくる。

その違いはなんなのか。それは、モノだけでなく、ヒトも含めた要素の集合からなる状態として捉えられた、今まであまり認知されてこなかったタイプの建築像なのだろうと思う。マクロで捉えるならば、建築はなにかの「体現」というかたちをとる。ミクロで捉えるならば、建築とはある状態の、ある特定の周波数へのチューニングというかたちをとる。

一言で言い表わしてしまう欲望から逃れて、複雑で流動的な状態にとどまることが、「動線体」で言いたかったことだったのである。

九月——チューニングがチューニングを超えるとき

ブルースタジオと大和小田急建設とで設計した《ホシノタニ団地》に行ってみた。棟と棟に挟まる「貸し農園」に、ちょうど野菜の手入れをしていた「サポート役」のおじさんがいたので聞いてみたら、農園を借りている人の大半は、この団地の外の人だということだった。数駅、離れたところから通ってくる人も多い、とのこと。おもしろい、と思った。貸し農園は、ここの住民のコモン・スペースではないのである。

そこに住んでいる人たちと関係のない人たちが、団地のただなかに入ってくる。と、いうだけでなく、むしろそうなることを促進している。集合住宅のプログラムと貸し農園のプログラムが合体している、というよりも、二つのバラバラなプログラムが、バラバラなまま重ね合わされている、と言った方が良い状況なのである。

一九八九年の新建築住宅設計競技は、バーナード・チュミの「ディス・プログラミング」がテーマだった。都市には、自然発生的に、異機能の併存という状況が生まれている。その現象を分析し、理解し、次の次元へ展開し、加速することで、建築を新たな段階に誘導する。その第一歩がディス・プログラミングだというのである。

《ホシノタニ団地》のディス・プログラミングが誘導するのは、「居合わせる」の関係だ。窓の外に見えるのは、自分のこどもたちが遊ぶ風景や、隣の家族が菜園を耕す風景ではなく、知らない人たちが野菜の手入れをしている風景だ。香ってくるのも、自分たちが食べることになる野菜のためではない堆肥のにおいである。

それぞれがそれぞれの目的で、たまたま、そこですれ違い、居合わせる。その性質を以って、ぼくなどは、都市性と呼ぶ。

かつて、それがもっとも顕在化していた空間が駅だった。駅は、それぞれの行き先を持った人びとが、バラバラなまま交差する空間だからだ。

《ホシノタニ団地》は、小田急電鉄の郊外の駅前にある。いや、その土地はロータリーも含めて、小田急電鉄所有の敷地なのであるから、正確に言うなら、駅前ではなく、駅のなかにある。駅のなかにあった電鉄職員宿舎が、本来の駅の性質を持った団地にコンバージョンされ、今の駅がかつての駅に、つまり都市性が濃厚な空間になる。

都市性がこの町の価値を上げる。翻って、団地の価値を上げる。こういう正統的な不動産業の手法の軸に、こうした駅性あるいは都市性があることがおもしろかった。

ついで、能作淳平建築設計事務所が「設計施工」した《富士見台団地のリノベーション》に回った。

その団地の前には、「富士見台ストア」という元市場が建っていて、そこが、ちょうど、今年からはじまった「くにたちアートビエンナーレ」の一つの作品として、北澤潤さんによる《アフターファイブガバメント》に変貌していた。その「リノベーション」にも、能作淳平さんは関わっている。

「アフターファイブガバメント」というのは、五時までの表の役所に対して、五時に開く裏のオルタナティブな役所という意味である。役所というのはそもそも、人びとの暮らしを支えるための機構だから、その根本のところには、「こんな暮らしがあったらいいな」がある。それで、それぞれの人の、その気持ちからはじまるもう一つの役所をつくってみようというのである。詳細は、〈http://www.afterfivegovernment.com〉に譲るけれど、テナントとして入っているお惣菜屋が「給食センター」と、タップダンス・スクールが「健康推進課」と呼ばれているのが、おかしい。

このアートは、もちろん、モノとしてあるのではなく、コトとしてある。ぼくたちは、いつの間にか、日常に縛られてしまう。でも、その日常は自分の意思で、いつでも、いかようにも変えることができる。そういう感覚を広げる。そういうコトとしてのアートなのである。

《富士見台団地のリノベーション》は、この作品ときわめて近いプロジェクトである。たしかに、リノベーションではあるが、リノベーションした結果が重要なのではない。むしろ、リノベーションする、という行為が重要なプロジェクトである。だからだろう、能作さんは、こんな動画〈http://architecturephoto.net/36274/〉をつくったりしている。

彼によくよく聞いてみれば、これは「しつらえ」の延長なのだと言う。暮らしていて、「こうしたらもっとよくなるかも」と思って、実際にやってみる。そんな不断のアップデート、あるいはチューニングの状態が、暮らしであり、家であるという感覚がその根本にある。

ぼくも《杉並区大宮前体育館》で、そういうことを考えた。建築は完成しない。使いつづけ、チューニングしつづける状態が建築なのではないか、と。

展覧会時の設営を一つのリノベーションと捉え、展覧会が開催されるごとに空間がアップデートされ、永遠に「完成しない美術館（Museum in Progress）」にとどまろうとするパリの《パレ・ド・トーキョー》も、同じ感覚にある。

こうした「建築」は、従来型の、モノとしてある建築とは、言うまでもなく、一線を画する。ところで、このURの富士見台第三団地は、賃貸住宅である。普通の賃貸住宅だと、改装が許されなかったり、改装できても、出ていくときには原状復帰しなければならない。しかし、この物件は改装して構わないし、出ていくときにも原状復帰しなくていい。それを「DIY住宅」と呼ぶのだそうだ。URがそんな実験をはじめたのは、この団地が古くなって、空き部屋が増えてきたからである。

それぞれの人が、それぞれの「こんな暮らしがあったらいいな」に合わせて、自分の暮らしの場をチューニングする状況をつくりあげていく。それは、アートの世界にとどまらず、現在の「郊外問題」に対する、一つの可能性の大きい処方箋になるのではないか、と思った。

そんなことを思いながら、今月最後の見学である取手に向かい、建築家の青木公隆さんたちに、いくつかの試みを案内していただいた。

かつて郊外住宅地として形成された取手の町には、今空き家が増えつづけている。その空き家をどうすればいいのか。この全国津々浦々に起きている問題に、取手アートプロジェクトは、「あしたの郊外」と「取手アート不動産」の両輪を以って、取り組んでいる。それを見たかったのである。

しかし、《拝借景》〈http://haisyaku.jugem.jp〉には腰を抜かした。

取手には、東京藝術大学の取手キャンパスがある。《拝借景》は、もともとは、そこの学生が店子に入った借家である。そこに友達が集まって、飲んだり、泊まったり、展覧会を開いたりしているうちに、「こんな暮らしがあったらいいな」が次々に生まれてくる。そこで、大家さんの許可を得て、家をどんどんとチューニングしていっている。

その改変の度合いがすごいのである。切妻の屋根の一部を跳ねあげ、巨大なハイサイドライトをつくる。家の壁を、蝶番で回転する大扉に改造する。二畳ほどの茶室のような部屋を、梁から吊るす。外壁の一部を折りたたみ式にして、壁が庇に化ける工夫を施す。今度、母屋とブリッジでつなぐらしい。

その自由さ、おおらかさは、チューニングの域を遥かに超えている。家というスケルトンがあって、インフィルが変わるというレベルではなく、もう、スケルトンとインフィルの区別さえなくなっている。家は、人とともに生きているのである。

住まうことと一体になったこうした不断のアップデートの結果、もともとの家がまったく別の空間に変貌する。彼らが言うには、感謝の気持ちをもって(拝)、かりそめの場所に(借)、新しい景色(景)、新たな付加価値をつけて返そうとしている、とのこと。住まうこととは、不断のアップデートを続けることであり、その行為が「付加価値」を生む。なんともすごい思想ではないか。《減量住宅》は、建築家の飯名悠生さんがほぼ一年そこに住まいながら、空き家を「減量」させていくプロジェクトである。空き家を適正サイズにまでそぎ落として、つまり付加価値をつけたうえで、オーナーに返す。《拝借景》と思想を共有するアイデアだ。

ただし、この《減量住宅》は、《拝借景》とは別の仕組みから生まれたものである。飯名さんがそこに住むことになったのは、彼のアイデアが、郊外の空き家についてのアイデア・プラン公募で採択されたから。そのアイデアを募集したのが、取手アートプロジェクトと馬場正尊さんのOpen Aの共同プロジェクト「あしたの郊外」だったのである。

空き家問題は、魅力的にリノベーションすればなんとかなる、というような生易しい問題ではない。そこでの暮らしとセットでなければ、立ち行かない。今、たぶん欠けているのは、暮らしのアイデアとリノベーションのアイデアとのマッチングを行なう主体なのだろうと思った。

一〇月――不一致が不一致のまま共存する箱

伊東豊雄建築設計事務所の《みんなの森 ぎふメディアコスモス》(以下、《メディアコスモス》)は、月評という限られた字数の枠では、とうてい書き切れないくらい、いろいろな論点を孕んだ建築だと思う。

まず、外観と内観との関係に、新しい試みがある。

モダニズムの建築では、内部空間の構成をそのまま伝えるように外観がつくられるのが普通のこと。たとえば、空間単位それぞれを一つひとつの形態要素として、それらの組み合わせとして全体をつくる。そうすれば、外観に空間単位の構成がそのまま現われる。あるいは、外壁を限りなく透明にして、外から内の空間が覗けるようにする。妹島和世＋西沢立衛／SANAAの《Junko Fukutake Terrace》などは、その典型だろう。外観と内観の一致は、モダニズムの一つの規範なのである。

しかし、《メディアコスモス》は、外観からは内部空間の構成を窺い知れない。《メディアコスモス》の内部空間は、層の重なりでできている。一階のスラブがあって、二階のスラブがその上にあって、さらに波打つ木屋根の架構が浮いている。つまり、三つの水平な層が積み重なってできている。しかし、そのことが外から読み取れない。外から見れば、縦横の木の格子とガラスでできた大きな「箱」なのである。

むしろ目につくのは、隣に建っている旧県総合庁舎との連続性だ。壁面位置も高さも、ほぼそろっている。旧県総合庁舎は、中央部が両翼よりやや高くなっているのだけれど、その起伏を引き継ぐかのように、《メディアコスモス》の天端も、立面的に波打っている。旧県総合庁舎は一九二四年に竣工した古典主義建築。でも、モダニズムの香りが漂ういい建築だ。《メディアコスモス》はその増築、と言われても違和感がない。

もちろん、一九二四年と言えば大正時代。当然、庁舎の敷居は高く、「閉じた箱」としてつくられている。旧県総合庁舎だけでない。この建築が建っているのは、岐阜県岐阜市の官公庁や公共施設が多く集まった区域である。そばに坂倉準三さんが設計した《岐阜市民会館》がある。市役所や地方裁判所がある。どれもが「箱」としてつくられている（《岐阜市民会館》は、その箱を浮かせ、その下をピロティとして、町に開こうとしたのだが）。

と見てくれれば、《メディアコスモス》が箱的なのは、周辺のコンテクストに従っているから、ということがはっきりとわかってくる。

外の環境と内の環境が外観で接する。そして、外観までが別個の外の環境に属するものとして扱われる。内の環境は内の環境、外の環境は外の環境。外観と内側の環境との間にははっきりとした断絶をつくる。それが、この建築が表明している一つのことなのである。

ぼくがデザインするルイ・ヴィトンの店舗外装は、たいていの場合、町との関係から決まる。外装は、内の環境の表出ではない。という意味で、外装はラッピング・ペーパーだ。それでいいのか、ずいぶんと逡巡した。そしてついには、それを肯定できるようになった。しかし、商業建築ではなく、公共建築でこういう断絶を前提としてつくるのは、やはり一つの冒険だと思うのである。

もちろん、《メディアコスモス》の最大の成果は、二階の図書館の空間だ。図書館と言っても、静寂で張り詰めるような「知の殿堂」ではなく、その対極にある。「中心市街地のにぎわい創出」（「岐阜大学医学部等跡地整備基本計画」）を目的とした「市民が集う「知」と「文化」創造の森」としての図書館である。いわば、本のある屋内広場が求められていた、と言ってもいい。

ただ茫漠とした広場は、イベントでもなければ、人が賑わうことはない。広場が自然に人の行き交う場になるためには、人それぞれの気分で選び、そこに居られるような、いろいろな居場所が必要だ。開けた場所、木陰の場所、噴水の場所、軒下の場所など、個々に特徴のある場所が集まってできあがる必要がある。つまり、均質なワンルームではなく、不均質なワンルームである必要がある。

それを単なる内装としてではなく、空間の形、構造形式、環境設備がしっかり噛みあった方法で達成されているのがこの空間である。

まだ暑い晩夏の日曜日に訪れたのだが、なんだか室内空間にいるような感じではない。曇りの日なのに明るいし、冷房で冷えひえというわけでもない。ごく自然な屋外のような感じなのである。それが、床輻射冷暖房で「グローブ」下を重点的に居住域空調しているためと知ったのは、雑誌が届いてからのこと。屋根の起伏とトップライトとグローブの位置が整合した関係になっていて、構造と環境（光や空気の流れ）と空間が、無理なく絡み合い、大勢の老若男女が引きも切らずに出入りしていて、びっくりするくらいに賑わうおおらかな広場になっていたのである。

わかりやすい。一言で言えば、それがこの空間の特徴だろう。ここを訪れる人皆が、この大きなグローブがふわふわと漂っている空間に、ハッと息を飲む。グローブはいわば広場に植わった大樹のよう。ただし、本当の樹木と違って、木陰の代わりに「木陽」（そんな言葉はないだろうけれど）をつくっている。そのように、皆が、この空間を理解できる。

こうしたわかりやすさは、この建築が「語っている」からだ。つまり、その内面（「木陽」を持つ大樹の森）が空間として現われ、しっかりと人びとに伝わっている。

建築史家のエミール・カウフマンは、ブレ、ルドゥ、ルクの三人の建築家をモダニズムの入り口に置いた。それは、彼らが建築の顔貌を持って、その内面を語らせようとしたからだ。その「語る建築」が、後の、内観と外観の一致というモダニズムの規範のはしりだと言うのである。だとすれば、《メディアコスモス》は、外観のうえではそれに違犯し、内部空間ではその起源を復権している、ということになる。そこがおもしろいと思う。

一階もおもしろい。一階は、上下からコンクリートスラブで挟まれた内法五・四メートルのフラットな空間だ。平面的にも、基本的には、縦横九・二メートルグリッドの柱列からなる。出自は、そういう均質な空間であるのだけれど、そのなかに、図書館の公開書庫や事務室、ホール、ギャラリー、スタジオ、市民活動交流センター、多文化交流プラザなど、数多くのいろいろな機能が入っている。当然、空間は不均質になる。その不均質さの度合いが、どう言ったらいいか、街を感じさせて、すばらしいのである。

その空間の質を成り立たせるのに、まず大きく効いているのが天井高とその扱いだ。二階コンクリートスラブの下、高さ四・五メートルのところに、ヒノキの集成材でできたルーバーがあって、それが天井として見えている。ただ隙が大きいので、上のダクトや配管も見えるし、コンクリートスラブも見える。その天井とその高さが全体の空間の質を決めている。

それから、空間の真ん中に、一階からは入れないけれど、ガラス越しに内が見える公開書庫を置いたこと。それが、いわば、虚の中心となって、その周辺にさまざまな場を生みだしている。一階の、この「タネも仕掛けもない」街らしさの実現は、各部の丁寧で繊細な考察とデザインがあってのこと。その意味では、一階は二階とは違って、皆にはその良さが意識されにくい、そう、いわゆる従来的な意味での建築の巧みでできた空間なのである。

一階の寡黙な建築と、二階のナラティブな建築。その対比が、またおもしろい。目立つのはナラティブな建築の方だが、寡黙な建築も同面積で同居している。箱に納められたこの混在の意味こそ、この建築で考えることだろうと思う。

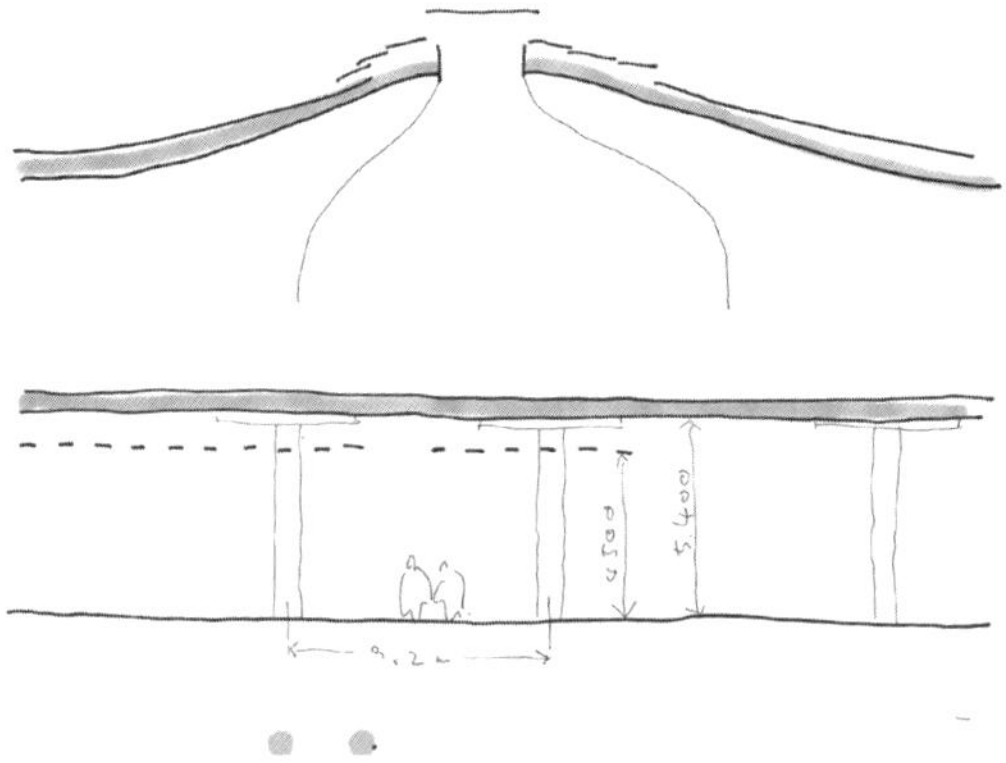

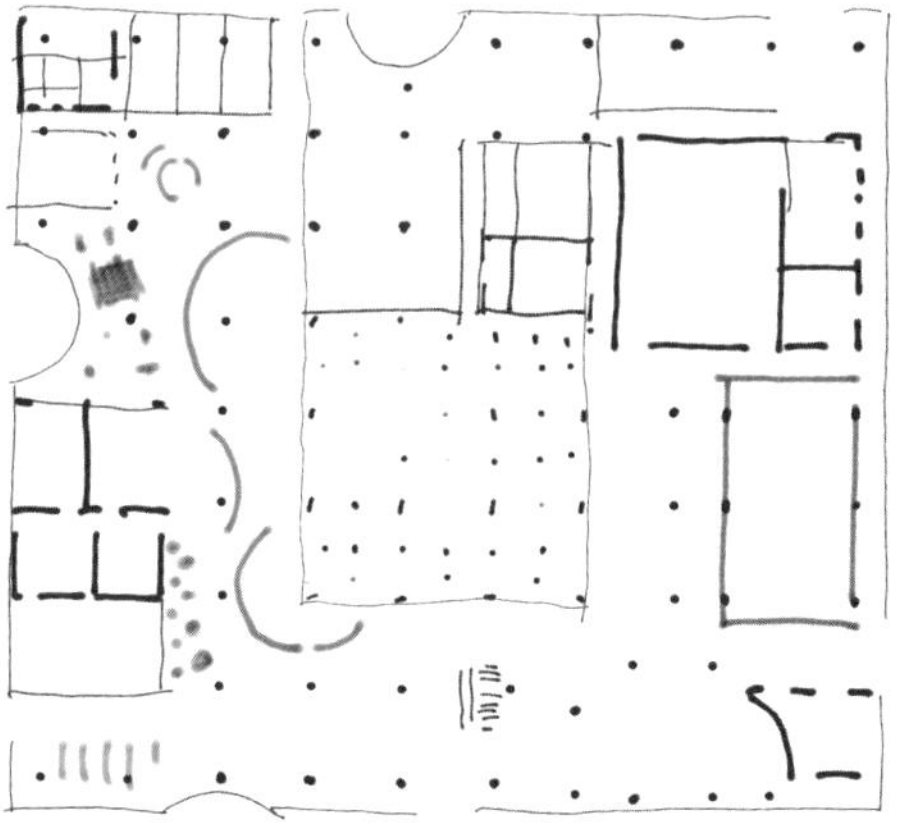

一二月——箱が意識から消える

アトリエ・アンド・アイ坂本一成研究室の《Hut AO》は、建築という概念に揺さぶりをかけている。

まずは、坂本さんの解説を読もう。坂本さんは、この《Hut AO》が、一般的な住宅のスケールではなく、立地する急傾斜地との関係から導きだされるおおらかなスケールで成り立っていることを述べている。そして、そのことがこの建物に周辺との間に透明性を与え、ニュートラルな世界を開くはずだとする。結論は、だから、この《Hut AO》は「対象としての建築でない、場所的・空間的建築である」だ。

「対象としての建築でない」というところが、おもしろい。自律せず、周囲の環境のあり方に依存するから対象ではない、と言うのではない。場所あるいは空間としてつくられた建築だから、対象としての建築ではない、と言うのだ。

そうは言っても、つくられたのはやっぱり、形態と素材を兼ね備えたモノではある。そして、モノである以上、対象として捉えることはできるわけだから、これは、対象として捉えることができない建築、という意味ではなく、対象として捉えることを失う建築、という意味であるだろう。

そして、この対象として捉えることを失う、というところに、ぼくは、従来の建築の概念を揺さぶる点があると思うのだ。《Hut AO》とは小屋のこと。たとえば鴨長明は、『方丈記』で、自らの終の栖である庵を指して、「いはば、旅人の一夜の宿を造り、老いたる蚕の繭を営むがごとし」と書いた。その庵は、土地に固定させず、たやすく移動できる工夫を施した小屋だった。移動でき、繭のような小屋には、ほとんど衣服と同じ軽さしかない。

旅人がただ一夜のために仮寝の床をつくるような仮の庵だから、物体としての存在感が希薄だ。庇や衝立障子と同列に、阿弥陀仏如来や普賢菩薩の絵像、法花経、折琴、継琵琶、藤の花、ホトトギスやひぐらしの声が語られる。自分の身体があって、その外側に愛着のあるモノが置かれる。そして、その外側には、周辺の環境が広がる。『方丈記』の小屋とは、自分の身体を中心にして広がる外世界の同心円のなかで、内外の境界をぐっと中心の身体に近づけた、衣服と言ってもいいような境界を指している。

そうなれば、庵はたしかに、「対象としての建築でない建築」になる。しかしもちろん、坂本さんが言おうとしているのは、こういうことではない。たしかに使われている素材の多くは、光を通すし、軽い。でも、一〇〇平方メートルを超える住宅は、長明的には、もはや小屋ではない。

実は『方丈記』、ついつい聞きいってしまう軽妙洒脱な、テンポの良い語り口なのだけれど、内容は、さほど興味を誘われるものではない。なぜ世を捨てたのか、そしてなぜそれで自由な境地に達せたのかということは、よく伝わってくる。しかし、庵とはなにかということについて、

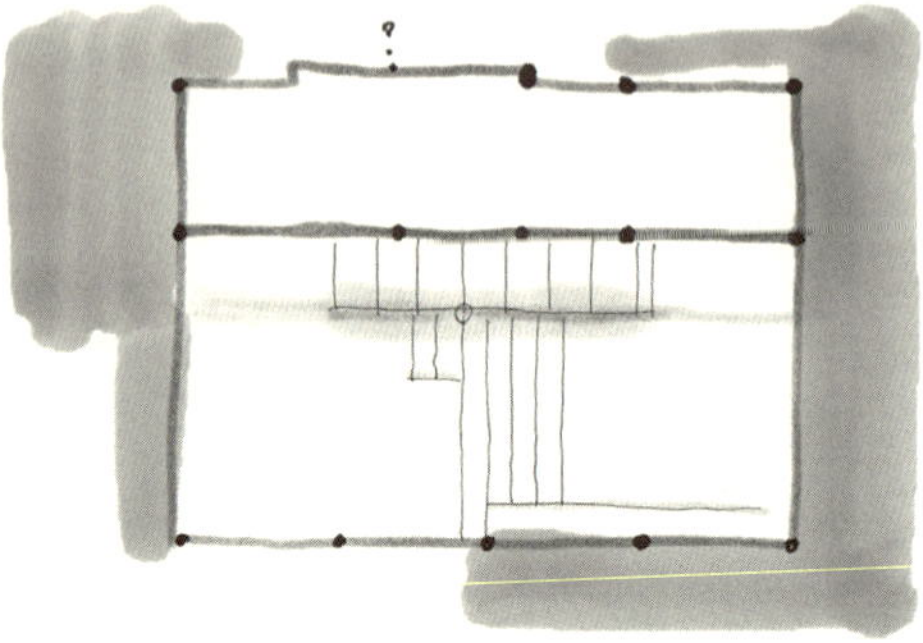

遁世という意義以上のことを、あまり教えてくれはしないのだ。
それでも、先に挙げた庵の描写のくだりは、その描写の仕方のなかで、物体としての庵がどんどん後退していって、ほとんど消え入りそうになってしまう。それはやっぱり、注目されることだ。単に庵が極限的に小さく質素だから消え入るのではない。小屋は、身体を中心として広がる外世界の同心円を意識させる。そしてそのことによって、小屋は意識から消えるのである。これが小屋というものの一つの核心だろうと思う。
とはいえ、小屋は物質的に、内部と外部を分かつ。そうでなければ用をなさない。だから結果として、内外の境界面でつくられる形を持つ。長明の庵は、「広さはわづかに方丈、高さは七尺がうちなり」と言うから、やっと三平方メートル、高さは二メートルに満たない。しかし、それはそれでやっぱり、形態を持っている。

つまり小屋は、図式としては箱である。箱を描けば、箱の面を境に、内部と外部が生まれる。内部の大きさは有限で、外部は無限に広がっている。しかし、本当に、箱の外部は内部よりも広いものなのか、はなはだ疑わしい。なぜならまず、箱の内部には、住まい手の愛着という点で言って、多くの濃密な事物で溢れている。それに、内部には、外部への眺望、外部からの音や光、外部の雨や風の気配、外部の気温や湿度が入り込んでくる。そういうことを考えあわせれば、もしかしたら内部の方が外部より大きいかもしれないではないか。

つまり、そのなかに暮らす人の立場から見れば、箱という図式は成り立っていない。このことも、小屋というものの一つの核心だろうと思う。

小屋では、視覚的なあり方と、感覚的なあり方が矛盾している。小屋は、視覚的には、内外を分かつ箱だが、感覚的には、その箱は意識されない。内外の区別がない。あるのは、その逆に、身体から外界への同心円的連続性だ。

これがたぶん、小屋の本質なのだと思う。

《Hut AO》は、その本質をそのまま、実践しようとしているように見える。物体としては箱としてつくる。しかし、その内部を外部の環境の論理でスケール操作する。それが感覚としての「透明性」を与える。内外をつなぐ。箱を消す。こうした実の透明性ではない、虚の透明性を求めるところに、小屋の弁証法が見えてくる。

箱であるけれど、箱を意識から消す。それを、そこで暮らす人にとってだけでなく、より客観的なあり方として実現しようとするところに、《Hut AO》の「建築」的な試みがある。

箱に庇をつける。長明も方丈に庇をつけた。「東に三尺余りの庇をさして、柴折りくぶるよすがとす」。長明が、燃やす場所のために庇をつけたように、《Hut AO》も日除けや車庫の屋根のために庇をつける。そこには、箱の直方体性を守ろうという意思がない。必要なら庇を付加してもかまわない。構造的に考えれば、出幅によって庇の厚みは変わる。それを無理にそろえようとはしない。庇がコーナーを回ってL型に折れる。日除け、雨避けの用から考えて、合理的な判断だ。その結果、庇は箱への付加というのではなく、貫入という見え方になる。立面的に言えば、全体の長方形の上に、水平方向に薄い長方形がいくつか重なる、という操作になる。実の長方形が重なるなら、虚の長方形も重なった方がバランスがとれる。立面上の虚の長方形は、三次元的には、パラペットの切り欠きとなって現われる。

直方体の箱だから、設計の出発点としては、構造体はグリッドに沿ったシステマティックなものだったはずだ。ところが、「下階」から「上階」に上る「スロープ階段」の挿入は、そのシステムをかき乱す。また車庫のために、箱が切り取られる。角に柱を立てられなくなる。車庫の奥の壁位置に柱が必要になる。そういうとき、システムの純粋性を採るのではなく、システムの方を調整する。結果、そのプロセスでできあがった柱列のリズムは均一ではなくなる。

一つひとつの判断と手続きに恣意性はない。むしろ、必要に誠実に応えている。しかしそれが続いていって、純粋な形式はいつしか、一言でいえない、簡単な図式に還元できない、つまり、もし図式と言うなら、その実体そのものを指さなければならないところにまで「熟成」する。もはや、最初の出発点が見えない。一周回って、なにが出発点で、なにが結論かが見えなくなる。その結果、なにが起きるかと言えば、箱が意識から消える。つまり、それを対象として捉えることを失う。

建築は、自らを対象としようとしてきた。また建築は、今、後期資本主義のなかで、もっとも安易な対象化、つまりアイコンの産出機構に近づいていっている。だからこそ、《Hut AO》は、建築という概念に揺さぶりをかけるのである。

一二月——世界の外に立つということ

今月号で月評子の担当が終わります。連載をはじめるとき、実際に訪れた建築のことに限って書くと決めたため、あまり多くの建築に触れることができませんでした。とくに、遠隔地に建てられた建築に伺うことが難しく、取りあげられなかったことが多かったのが心残りです。ご容赦いただければと思います。

この一年を振り返ってみると、少なくともこの日本では、建築の、社会における位置づけが地滑りした年だったのではないかと思われます。

象徴的なのは、ザハ・ハディド案による《新国立競技場計画》の「白紙撤回」。直接的には「お金」が理由でした。ここまで高くなったのは利用目的を超えた過剰な「デザイン」のため、というのが大方の世論だったでしょうか。建築は用を成すためのものであるはずなのに、建築家は放っておくとエゴに走る。それは事実に沿った非難では、かならずしもなかったかもしれません。しかしともかく、白紙撤回は、社会から建築家あるいはデザインへの、不信を念押しする出来事になってしまいました。

その一方で、用を成すため以上のこととしている建築家の展覧会が盛んに開かれました。現在進行形のところでは、フランク・ゲーリーの展覧会が、都内二か所で開催されています。言うまでもなく、フランク・ゲーリーにとって、その「用を成すため以上」が、彼の建築の核心の部分であり、そういう「デザイン」もまた社会は求めているわけです。

一方で「デザイン」を弾劾して、そのもう一方で「デザイン」を称揚する。この矛盾をどう説明したらいいのでしょうか。ぼくは、それは二つの異なる「デザイン」があるということなのではなく、デザインというものに対する捉え方は一つであるのだけれど、それがあるときは、否定的な文脈に乗り、また別のときには肯定的な文脈に乗るということなのだと思っています。コインの表裏のようなものです。

こういう「デザイン」の捉え方には二つの特徴があります。一つは、ノンデザインの状態があって、そこに価値が付加されるのがデザインだという理解です。いわば装飾のような存在です。その装飾が実体に食い込んで、実体そのものの形、構造、あり方に影響を与える場合もあります。それをヴェンチューリは「アヒル」と呼びました。その場合は、デザインを実体から物理的に剝ぎとることはできません。それでも、デザインがない状態が想像できるとすれば、その仮想のノンデザイン状態に対する付加作業も想像できます。それを含めて、デザインとはなんらかの「付加」だという捉え方がここにはあります。

もう一つは、デザインはデザインされたことがわかるようにできていてほしいという期待です。余分なことが行なわれているのだから、目立つところがあってしかるべき。そうでなければ、余分なことをする意味はないではないか、という認識です。

一番目の捉え方は妥当なものでしょう。ぼくたちは、なんとなくでも、建築と建物とで違いがあると感じています。付加されるものがあるかないかは、そのことを言い換えたにすぎません。そして建築に携わる人の多くは、程度の差こそあれ、この「付加」を大事に思っています。「いいものをつくりたい」という素朴な気持ちの、その「いい」という価値でさえ「付加」の一つなのですから。

だからこそ、二番目の捉え方については、それに対し、デザインされていると感じられなくてもいい、という立場もあることを言っておかなければなりません。だって「いいものをつくりたい」なら、その作為は伝わらなくていい、いや逆に、伝わってはいやらしいではないですか。

一番目の捉え方は、ただ「いい」という価値の付加までを含む、デザインということの基底に相当しますが、二番目の捉え方はそれよりずっと狭い、他との「差異」を求める立場に立脚します。

ところで、資本主義が差異を原動力にして進む無限循環運動であるとすれば、同じく差異を求める二番目の捉え方は、資本主義の一部を成していると言ってもいいかもしれません。そして今や、ぼくたちは、差異化の進展に伴って、モノを介した資本主義から、モノを介さない資本主義に移行した世界に生活するようになりました。建築などそれまでモノの上で成立してきた分野でも、それと並行して差異化が促進し、実体としての差異を越えたイメージ上の差異で成立するようになってきました。

「デザイン」を称揚するメンタリティがあるのは、ぼくたちがこういう世界に生きていることの証しだろうと思います。しかし、それを成立させているのがイメージという幻影である以上、デザインは実体・実質から遊離せざるをえません。だから、デザインは同時に、不要で無駄なものでもあり、一瞬で、弾劾の対象にも転落しえます。

その称揚と弾劾との不安定な狭間で、針を称揚の側にかろうじて維持するのもやはり、資本主義の論理です。つまり、それを求める欲求の方を、それを与える欲求より上まわらせておくという戦略が必要になります。そのためにますます「デザイン」は誰にでもその差異がわかる強烈なものに釣り上げられることになります。それが高じれば、差異そのものが「付加」の内容になりかねません。

ザハの《新国立競技場計画》が差異をそこまで釣り上げたものだったかはともかく、その白紙撤回は、人びとの捉え方のこの針が弾劾の側に振れ切った結果だったと思います。撤回が「お金」の問題であったことが、そのなによりもの証左です。

日本の建築にとって、二〇一五年は、こうして差異を前提としたデザインが弾け飛んだ年だったと言うことができるでしょう。それは同時に、資本主義的論理にただ乗っているだけでは、そもそも建築を建物から分かつはずのどんな「付加」も弾け飛んでしまいかねない段階に入ってきた、ということを意味します。

実際、今後ますます、建築は、簡素で、使いやすく、安価であることばかりが求められるような時代になっていくのではないでしょうか。そしてその一方で、気晴らしとしての、膨大な蕩尽が企てられる。その二極化がさらに進む世の中になっていくのではないでしょうか。

こうした世界の外に立つことは、非現実的な夢想でしかありません。しかし、その内から、その内外の境界を突くことはできるはずです。つまり、建築を建物から分かつ「付加」の内容をもう一度、ふりだしに戻って、築いていくことができるはずです。

今年、ぼくが取りあげようとしてきたのは、そのことにヒントを与えてくれると思えた論考であり、作品でした。

触れることができなかったものも多数あります。なかでも心残りなのは、九月号の槇文彦さんの建築論壇「Another Utopia」でした。主張の根本にあるのは、都市との相互干渉は、忘れてはならない「付加」ではなかったか、ということでした。都市とは、「時間をかけて築かれた、その国、あるいはその地域の文化の総体」のこと。たしかに差異の追求は、その総体の存在を忘れさせてしまいます。

考えてみれば、ザハの《新国立競技場計画》に対する抗議は、二〇一三年の氏の「新国立競技場案を神宮外苑の歴史的文脈から考える」(『JIA Magazine』二〇一三年八月号)に発するものでしたが、その論拠は、神宮外苑という濃密な歴史を持つ環境にここまでの巨大な施設をつくることの「倫理性」を問うものでした。発端は「お金」の問題ではなく、都市との相互干渉の問題だったし、やはりこの問題は、今でもそこが本質だろうと思います。

自分を含め、多くの建築関係者が、資本主義が導きだす「付加」の是非は問いようがない、という暗黙の諦めのなかにいます。しかしそれを乗り越え、自らが拠って立つ、建築が建築であるために必要な「付加」を築いていかなければなりません。

建築を救うというのは、そういうことなのだろうと思っています。

第6部

建築をバラバラなモノとコトに向かって開くこと

《ゆかり文化幼稚園》は、丹下健三＋建築・都市設計研究所、一九六七年の作品とされることが多いが、正確にはその年に完成したのは一期工事のみで、二期工事の完成は一九八四年である。そして、行ってみて驚いたのは、その一期工事と二期工事の、建築の質としての大きな落差だった。二期工事の部分も、若干の変更はあるものの、最初に建てられた全体計画に従っている。園庭を中心にして放射状に延びる平面計画、アーチ状架構の断面は踏襲されている。しかし、両者の印象がまるで違う。一期工事が、同一の架構が増殖してできた、だんだんと伸び上がる屋根に抱かれた草原の感じがするのに対して、二期工事は、大きなホールがあるにもかかわらず、部屋に閉じ込められた窮屈な感じがした。

この違いは、平面計画的には、二期工事で廊下が導入されたこと、つまり部屋と廊下がはっきりと分離されたことによる。また一期工事の屋根がやじろべい型のプレキャストコンクリートの連結でつくられたのに対して、二期工事では、その形態は守られているものの、現場打ちが工法として採用されたことによる。連結してつくるのと、一体的につくるのでは、細かいところに多々違いが生まれ、それが空間の質に影響していたのだ。

一期工事には建築の力がある。しかし、同じ造形でつくられた二期工事には力がない。ということは、この建築の力が造形そのものに由来しないということを意味する。ここでの建築の力は、ちょっとしたことで崩れてしまうのだ。このことは逆に、そのちょっとしたことこそがここでの力の源泉ということを意味する。その力は、全体から部分を規定する論理の力ではなく、小さな部分と小さな部分をつなげる、いわば接着剤の力ではないだろうか。

しかしその接着剤もまた、平面計画と架構計画という全体計画が裏書きしている。ここにはまだまだ考えなくてはならないことが残っている。

1　誰が群盲を嗤えるか

1　現実世界を前にして

「群盲、象を評す」という言葉がある。「大勢の盲人が象の体をなでて、それぞれが自分の触れた部分の印象だけから象について述べた」(『大辞林』)ことから、部分だけで判断すると全体を見誤る、という意味で使われる。でも、この言葉、ぼくはひっかかる。まず、盲人に失礼だなあ、と思う。そして、それ以上に、目が見えれば全体像を把握できるという認識そのものが、納得がいかない。もう一度、『大辞林』を引く。「元来は、涅槃経・六度経などで、人びとが仏の真理を正しく知り得ないことをいったもの」とある。なるほど、これなら話はわかる。仏教は、「象」の全体を見ることができる人などどこにもいない、と言っているらしい。ぼくもそう思う。

とはいえ、ぼくたちはついつい、自分に群盲を嗤う権利がないことを忘れる。つまり、自分は、部分の見えではなく全体像あるいは本質をつかんでいると錯覚する。ぼくたちを取り巻く現実世界を前にして、その世界の全体を正しく把握したい。それは、人としての性だろう。しかし、どんなにがんばっても、それは実現不可能なことだ。そんな謙虚さがあれば、誰も群盲を嗤えない。

Fig. 1

このことを図にまとめておこう。現実に対する認識の型には二つある。

一つは、「群盲」という型［Fig. 1］。現実世界があって、それを観察する人がいる。しかし、観察者は現実世界の一部分しか認識できない。あるいは、限定的な角度からしか捉えることができない。そのため、観察者が複数いれば、一つの現実世界が、観察者ごとに異なる「見え」あるいは「像」に分解される。この状況を外から見れば、誰もが正しく現実を認識できていない、ということになる。

そして、もう一つは、「群盲を嗤う者」という型［Fig. 2］。この型では、観察者が受けとる像と現実世界とが等しい。つまり、その観察者が、現実世界をそのままの形で、ストレートにまた正しく把握している、ということになる。

もっとも、「群盲を嗤う者」は、実際には、「群盲」の一部であるかもしれない。というのも、自分こそは

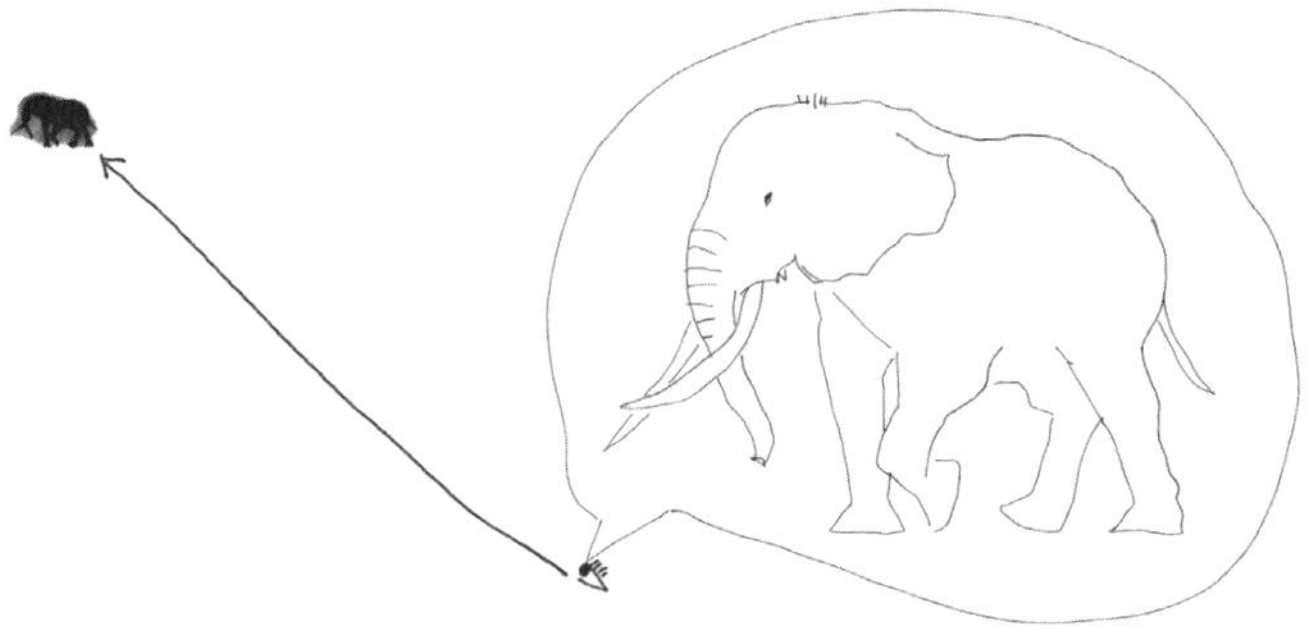
Fig. 2

正しく現実世界をつかんでいると信じていても、その人が「群盲」の一人でないと証明することは論理的にできないからだ。だからこそ、それを怖れて、「群盲を嗤う者」は、他の群盲にとっての像が視野に入るまで、自分と現実世界との距離を大きく引き延ばそうとする。つまり、なるべく現実世界を遠くから見ようとする。

2 「群盲モデル」と「群盲を嗤う者モデル」の建築

ぼくたちを取り巻く現実世界とぼくたちの関係を考えると、こうして、「群盲モデル」と「群盲を嗤う者モデル」という二つの型があるのだけれど、それらはそのまま、モノをつくるときのモデルでもある。「群盲を嗤う者モデル」の建築がある。そこでの設計とは、まず、つくり手の脳裏に一つの像が生まれることからはじまる。まず発想されるのは、こんな構成、こんな図式、こんなコンセプト、というような像だ。そして、引き続いて、その像に対応する建築が求められ、実現される。理想は、像が、正確に、過不足なく射影された建築だ。

よくできた「群盲を嗤う者モデル」の建築を観察すると、つくり手の脳裏にもともとあった像が、観察者の脳裏にも結ばれてくる。建築を通して、つくり手がなにをしたかったかが伝わってくる。よくわかる建築になる。なにをしたかったが明解な建築は良い建築。それが曖昧なのは悪い建築。こうした、ぼくたちが日常的によくする判断は、実は、「群盲を嗤う者モデル」を無意識に前提としている。そのくらい、ぼくたちは、「群盲を嗤う者モデル」に、骨の髄まで、染まっている。

「群盲を嗤う者モデル」は、実体としての建築を通して像を透視するものだ。だから、「どのような像か?」にもっとも力点が置かれる。像が違えば、建築が違う。なにをしたかったか、その内容の違いがそのまま建築の違いに出る。そういう世界では、パッと見て、普通に見えるものに価値がない。なぜなら、もしその建築がごく普通に見えるなら、その背後にある像も、きっと取りあげるまでもない、ごく普通のものに違いないからだ。逆に言えば、パッと見て、普通とまったく違ってはじめて、その建築を真面目に観察するに値する、ということになる。

また、こういうところでは、いつも新しい像を必要とする。より新しい像を、という欲求がつねにある。では、その新しい像は、どのように根拠づけられるか。都合がいいことに、ぼくたちを取り巻く現実世界は、日々、変化する。「もはやグローバル／ローカルでは語れない世界に突入し」、「ネット社会は、新しいパラダイムを引き起こし」、「セキュリティがすべての根底になった生活に変化している世界」、とか。そんなふうに、新しい現実世界についての像を引きだすことができる。もちろん、それらの像は、現実世界そのものの像ではなく、その一部を取りだし強調した一つの像にすぎない。つまり、それは、象の鼻を触って、「象とは、グニャグニャ曲がる柔らかい棒のようなもの」と言っているようなものだ。にしても、それら現実世界の像を、建築をつくるときの像の根拠として接続するということは、できなくはない。

ともかく、こうしてつくられた建築が、翻って、ぼくたちの現実世界を構成する一要素に加わる。しかし、その建築は、ぼくたちの現実世界と切れ、それ自体で閉じた世界をつくる。普通の形ではなく、新奇な形で現われるからではない。根本的には、現実世界は「群盲を嗤う者モデル」では捉えられないからだ。「群盲を嗤う者モデル」でつくられた建築は、たしかに独創的な世界を持つことができる。しかし、それは、現実社会から隔離された実験室で行なわれた純粋培養試験のようなものだ。さて、それでいいのか、ぼくは、やっぱり、ひっかかる。

3　視点の変化によるスケール感の歪み

《GO-SEES HIROO》は東京の都心に建つレンタルフォトスタジオで、大通りから折れて、小道を三軒ほど入ったところに建っている。右隣には、四階建ての鉄筋コンクリート打ち放しの住宅がある。左隣には、やはり六階建てのマンションがある。対面には中学校があって、小道に沿ってそのフェンスがしばらく続いている。

構成としてはけっして複雑な建物ではない。全体が箱形をしていて、その立体から一階の部分が水平に抉られ、駐車場になっている。小道を入っていくと、まず建物全体のボリュームが見えてくる。まわりの建物と比べて、そう大きくはない。近づいていくと、外壁のパネル割りが目についてくる。パネル割りは、まわりの建物の分節と比べて、大きい。それに気づくと、突然、建物が巨大に感じられる。前面の小道は狭い。そのため、建物全体がいっぺんに視野に収まることはない。外壁を見ようとすれば、駐車場が視野に入らない。駐車場を見ようとすれば、外壁が視野からはみ出す。駐車場を見ようとすれば、まわりの建物が見えないから、外壁のパネル割りが大振りであるというふうには見えない。「普通」の大きさに見える。そして、その外壁の黒い面で縁どられるように、白く明るい駐車場の空間が見える。駐車場も普通よりは大きな分節を持つ。でも、外壁のパネル割りのスケール感と比べれば、だいぶ小さい。だから、駐車場は小さく見える。自分が巨人になった感じがする。そして、駐車場に入る。すると、そのスケールが正しくわかる。その瞬間、自分が小人になった感じがする。

《GO-SEES HIROO》は、パッと見て、普通に見える。しかし、その体験は、普通ではない。視点が変わるとスケール感が変わる。頭のなかで、それぞれのスケール感が、うまく嚙みあわない。ちょっとだけ歪んでいる。その変化のなかで、ちょっと眩暈にも似た非現実感が起きる。

4　デザインされたように見えないデザイン

《TARO NASU TOKYO》は、東京の下町に建つ古い建物の一階と地下一階を改装してつくったコンテンポラリー・アート・ギャラリーである。地下がギャラリー空間になっている。既存の柱、ハンチのついた梁が美しく、それらを露出したまま残している。もちろん、改装だから新しい部分がある。しかし、どれがもともとあったもので、どれが新しいものなのかが判別できない。

もっとも力を注いだのは、ギャラリー空間における蛍光灯の配置だ。壁面の光は、できるかぎり均一がいい。その最良の解決策は、蛍光灯のラインを梁下まで下げて、壁面に平行に配置することだ。しかし、それでは空間のなかで、蛍光灯が目立ってしまう。そこで、蛍光灯を、各壁面に平行に配置しながらも、梁下まで下げずに、天井に直付けすることを考えた。しかし、それでもその蛍光灯配置が、壁面照度を均一にするためにお膳立てされた感じが残る。だから、蛍光灯をかならずしも壁面に平行に配置せず、無造作に取りつけられたかに見えるように、でも、なるべく壁面に影が落ちず、照度が均一になるようなバランスを探った。そうしてとりあえず施工された後、ほぼ一か月間、蛍光灯を追加したり、配置を調整したり、改良を重ねた。そうしてできあがったのが、誰もなにも気づかないで素通りしてしまう照明配置である。まるでデザインされたように見えない、というデザインである。

無作為、無造作、普通なので、誰の目にもとまらない。記憶に残らない。柱や梁があって、白く均一な光に満たされた空間の印象だけが残る。でも、よくよく思い出してみれば、こうした体験は、普通ではない。頭のなかで、そこで見たものとその印象が、うまく噛みあわない。ちょっとだけ歪んでいる。その変化のなかで、ちょっと眩暈にも似た非現実感が起きる。

5　ブレを生み出すこと

《GO-SEES HIROO》と《TARO NASU TOKYO》は、「群盲を嗤う者モデル」ではなく、「群盲モデル」でできている。一つの現実世界が、いくつかの像に分解している。視点ごとに異なるスケール感でできている。あるいは、視覚が捉えた像と印象が捉えた像とで分裂している。

ただし、これらが、単なる「群盲、象と評す」と違うのは、盲人たちが自分だけが正しいと主張しないで、人の話も聞くところだ。ある像が正しくて、ある像が間違っている、ということはない。皆が、この像もあって、あの像もある、と考える。だから言い争いにならない。それだけでなく、それら像を想像的に重ね合わすことで、盲人たちの脳裏に、見えるはずのない象が見えてくる。先行して、実体としての象があるのではない。複数の像を通して、仮象の象が立ち現われてくる［Fig. 3］。

現実世界もまた、一元的な像に集約できる実体なのではなく、本来的には、複雑で多様な像が

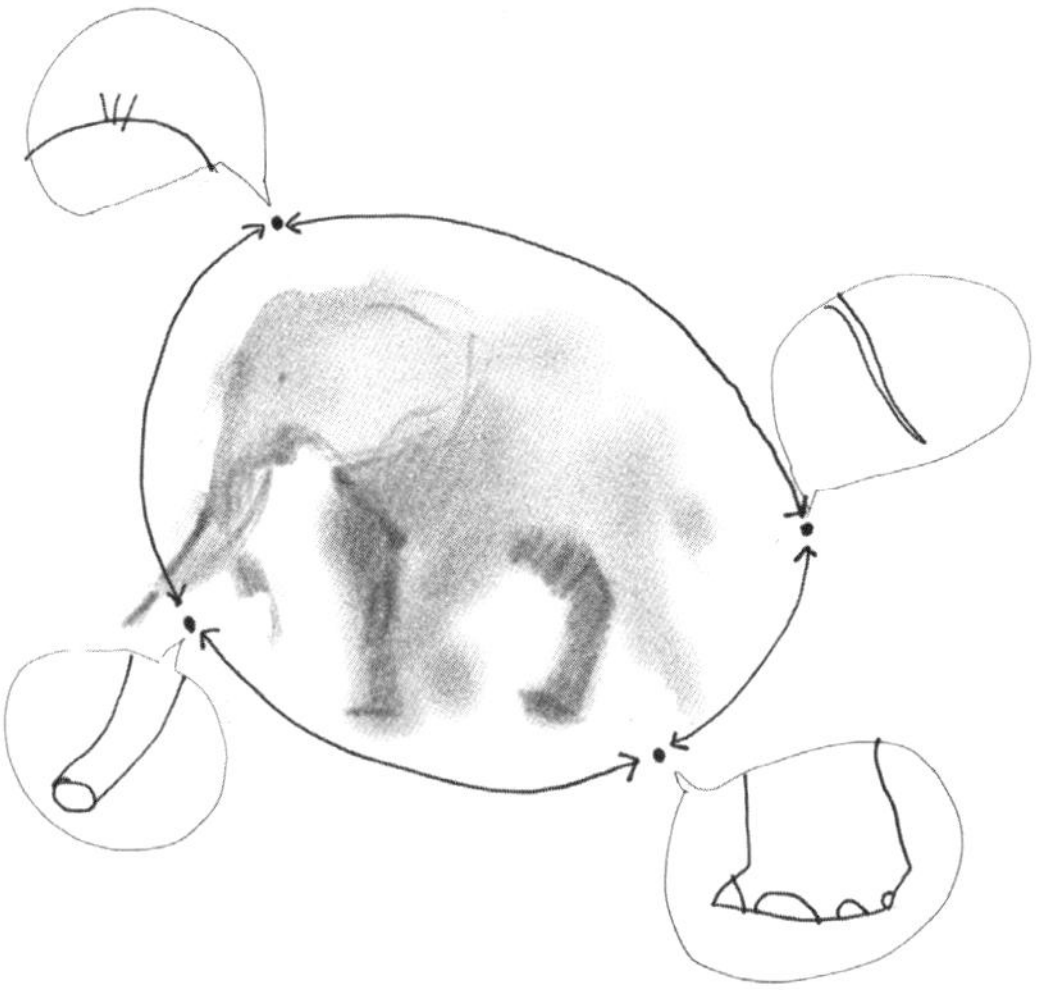

Fig. 3

想像的に重なりあうことで立ち現われてくる仮象だ、と思う。でも、放っておくとすぐに、現実世界は、一つの像として、固まってしまう。そして、そうなれば、現実世界は、ぼくたちの前に、梃子でも動かないくらい重々しく、立ちはだかる。とうていそこから逃れられないくらいに、ぼくたちをがっしりと羽交締めする。

しかし、それら盤石に思える現実世界は、実は、現実世界そのものではない。それは、「群盲を嗤う者モデル」がつくりだしたいわば幻影だ。「群盲を嗤う者モデル」は、現実世界を、ある一つの像として捉える。そして、その像が一人歩きして、その像こそが現実世界であるかのようにふるまいはじめる。そうして柔らかく、軽く、豊かで、厚みを持った現実世界が、痩せ、硬直した、重厚な桎梏に置きかわる。その桎梏が、一巡して、ぼくたちを圧迫する。

その圧迫をなんとかしたい。だから、なにかをつくる。正直なところ、それが、ぼくが、建築の設計をやっている理由だ。つくることで、桎梏を、もとの柔らかい現実世界に差し戻す。具体的には、「群盲を嗤う者モデル」を捨てて、「群盲モデル」で生きること、つくること。一元的な像として固まってしまいそうなモノやコトを揺さぶって、ブレを生みだすこと。

先に書いたように、「群盲を嗤う者モデル」を採れば、新機軸の像が求められる。だから、そのなかでのデザインとは、この世の中で今までまったくなかった新しいものをつくる、ということになる。でも、ぼくはデザインをそういうものとして考えない。パッと見て、普通に見えて、ぜんぜん構わない。しかし、その普通に見える像のすぐ裏側に、もう一つの像がある。それら像の間に行き来が生まれる。そして、そこから仮象として、現実世界が立ち現われる。そんな「群盲モデル」のデザインを、ぼくは採っている。

2　現実を生け捕りにするには

1　不測の事態

プロポーザル・コンペがあると聞いて、建設予定地に行ってみたら、成熟した住宅地のなかの小学校だった。塀のすぐ内側にはソメイヨシノや青桐やヒマラヤ杉が大きく育っていて、それはそれで緑が溢れるばかりのすばらしい環境だった。しかし、四周を塀で囲われているだけでなく、四階建ての校舎が敷地の二辺に沿ってL字形に建っていたので、閉鎖的で、ちょっと暗い感じがあった。それで、建物の高さを抑えるだけでなく、建物をできるかぎり分散させ、敷地全体を公園のような感じにして、風通しを良くするのがいいと思った。こんな素朴な感想からはじまった《杉並区大宮前体育館》であるが、最終的には、高さ五メートルの楕円形平面の建物が三棟、つまり、エントランス棟、アリーナ棟、プール棟を分棟して配置する案にして提出した。それ自体が地下へのトップライトとしても機能するエントランス棟から入って、地下一階に下りるとプール、地下二階まで下りるとアリーナがある、というシンプルな構成の提案である。

この案が受け入れられ、設計者として選ばれ、はじめて小学校に入れてもらって、しかし驚いた。外からまったく見えなかった校庭の校舎側に、四本の大銀杏の木が並んでいたのだ。中央二本の間には、朝礼台さえ置かれている。この小学校の出身者なら誰しも、きっとこの大銀杏を目にしたとたん、学童だったときに見た朝礼の景色をまざまざと思い出すことだろう。そんな木をどうして切れよう。そう思って、案内してくれていた役所の方に「切れませんよね」と言うと、「切らなくては、建物、できないでしょ」と返された。それにちょっとカチンと来たものだから、その場で「いや、残します」と宣言して、事務所に戻って図面と照合したら、銀杏の木の位置がエントランス棟の位置とぴったり一致していた。四本の大銀杏を残せば、エントランス棟はつくれない。エントランス棟をつくるなら、四本の大銀杏は切らざるをえない。設計がはじまってから起きた最初の不測の事態である。

その頃、類似施設もいくつか見学した。役所から先方の担当者に連絡を入れてもらって、役所の担当者と一緒に見に行くと、裏方も見せてもらえるし、使っているなかで気づいた不都合や利用者のクレームなど、あまり表に出したくないようなさまざまなことを、「いい施設を増やしてほしいからねえ」と、懇切丁寧に教えてくださる。これがすごく勉強になって、たとえばほとんどのアリーナには、自然採光と自然換気を可能にするための高窓が回っているのだが、窓は開けたことがなく、いつも暗幕を引きっぱなしだということがわかった。窓を開けておけば、アリーナ内の音が周辺に漏れ、苦情の電話が絶えないし、直射光は、ボールやシャトルが見にくくなるので御法度になっている、という。アリーナは遮音性能が高いブラックボックスとしてつくることが、現実には望まれているのだった。いくつか回るだけでも、設計の前提として考え直さなくてはならないことが、数多く出てきた。これが、設計がはじまってから起きた二番目の不測の事態である。

こうなると当然、プロポーザル・コンペで考えたことを遡っていって、かなりおおもとのところから案を練り直さなければならなくなる。まず四本の大銀杏を残すため、エントランス棟をなくして、三棟の分散を二棟に減らす。そうなると、エントランス機能は、プール棟かアリーナ棟に受け持ってもらわなくてはならなくなるのだが、アリーナはブラックボックスが良いことがわかったので、アリーナを中央に置いて、そのまわりにぐるり一周ロビー空間を回すことにした。そうすることで、エントランス機能をアリーナ棟に吸収できる。ただそれでは、地下二階に自然光がまったく落ちてこないので、アリーナのボリュームのまわりにスリットを開ける。

プロポーザル・コンペの提案で残ったのは、地下二階まで掘り込んで、地上に出るところを低層の楕円平面のボリュームとする、という考え方だけだった。

2 仮設どまりの全体性

要項を読み込んで、設計条件を落としなく満たすように案をつくる。ところが、いざ実際の設計がはじまり、関係者に会って話をいろいろ聞いてみると、実際に求められていることと要項に書かれていたこととがだいぶ違っているのがわかる。これは致し方ないことで、非公式な要望、曖昧な希望、周辺の人たちの想いなど、気持ちの問題も含めてすべての条件を言葉で表現できるまでに明確に確定することなど、そうそうできるものではないのだ。与件として提示されていた敷地の物理的な条件だって、蓋を開けてみたらずいぶん違うということも、まあ、これはあまり多くはないが、ある。

そういう場合にどうするかと言えば、もう一度、おおもとまで遡って案をつくり直すわけだ。《青森県立美術館》のときもそうだし、この《杉並区大宮前体育館》のときもそう。気に入っていた案を破棄するのはつらいことだが、与件すべてに、できるだけ応えたいと思えば、やり直さざるをえない。ウィキペディアによれば、デザインとは「ある問題を解決するために思考・概念の組み立てを行ない、それをさまざまな媒体に応じて表現すること」とある。問題が変われば、解決方法も変わる。だから、解き直すのが当然だと思うのだが、「案が変わると、コンペで落ちた人たちに申し訳がつかない」と、ときに問題にされる。その理屈もわからないわけではないが、そもそも人間という生身のための建築ではないだろうか。

ともかく、こうしてプロポーザル案を練り直し、基本設計をまとめ、実施設計に進み、二〇一〇年の三月の末、設計が終わる。続いて着工、と思っていたら、かつて設計内容を精査する時間がなかったために現場段階で問題続出ということがあったということで、一年かけて、設計をもう一度、関係者と膝を突き合わせて「見直す」ことになった。見直せば、いろいろ新たな問題が出てくる。判断に迷うたびに、意見を聞きに、また類似施設を訪ねてまわる。

プールがいちばん難しい。実施設計が終わった段階では、プール函体はステンレスシートに塗装の仕上げだったのだが、調べていくと、塗装層が剝離して怪我をした事故があったことがわかってきて、実施設計内容を改善することになる。しかし、どの選択肢も一長一短。結局は、ビニル系のシートを貼りまわすことになるのだが、実はパーフェクトの方法なんてない。こうしている間に、どんどん細部が、設計のときに意図していたことからずれていって、バラバラになってくる。収拾がつかない。もしかしたら、また大元にまで遡って案をつくり直すべきなのかもしれない、という気分になってくる。

これで完成と思った案が、先に進むと、その案の前提になっていたコトやモノが変わったり、増えたりする。それでもう一度、案を組み立て直すと、また前提が変わる。それでまた案を組み立て直す。建物を束ねる全体性が確定しない。切りがない。いつまで経っても、全体性は仮設どまりのままだ。

しかし、よくよく考えてみれば、そもそもこの種の施設では、毎日のように、パウチッコでラミネートされた注意書きが、壁面に増殖していくものだ。思いがけない備品が、その時々の思いつきで入ってくる。つまり竣工後も、想定外のことが数多く起きるわけで、となれば、全体性は永遠に仮設にとどまったままになってしまうのではないか。さていったい、どうしたらいいのか。

3　杉戸洋さんと一緒に展覧会を考えてみた

そんな割り切れない気持ちになっていたちょうどその頃、ぼくの事務所で設計した《青森県立美術館》がそろそろ五周年を迎えるということで、個展開催の打診があった。それで考えてみたのだが、美術館の建築そのものが、ぼくにとってはすでに「作品」なのだから、なにか他のものを展示するより、目の前にある空間を見てもらう展覧会がいい、と思った。ただ、美術館とは展覧会が開かれているときが本来であって、空っぽの美術館は本当の姿ではない。だから、そこで展覧会が行なわれている美術館を見せるところの展覧会、というややこしい企画になってしまう。それを一人でやっては、自作自演もいいところなので、一人、作家を選ばせてもらって、その作家と一緒に、この美術館をテーマにして展覧会をつくっていきたい、と思った。

その作家として、杉戸洋さんにお願いした。とくに面識があったわけではない。ただ、ぼくの事務所で設計した住宅ができたとき、クライアントの関係で、竣工間際に現場で鉢合わせ、案内したことがある。そのときの杉戸さん、回りながら、いちいち文句を言っていた。踊り場の奥行きが五センチ足りなくないか。あの窓、正方形だと落ち着かなくないか。このテラスには蛇口がいるのではないか。この壁は、もう少し左にあった方が良くないか。面と向かって、そこまで言われたのははじめてのこと。でも言われた内容はともかく、空間に敏感に反応できるすごい人だと思った。彼の作品も好きなことだし、ならば、この人と一緒に、改めてこの建物について考えてみたらどうだろう、きっと刺激的な経験になるのではないか、と思ったのだった（杉戸さんは後に「左官の親方だとばかり思っていて」と言うのだが、本当とは思えない）。

そうして《杉並区大宮前体育館》の「見直し」と並行して、彼とほとんど毎日のようにいろいろ話しあう一年がはじまった。展覧会の内容はなかなか決まらなかった。決まったと思ったことも、すぐにひっくり返って、ふりだしに戻ってしまう。すべてが宙吊り状態のまま。どこまでいっても構想が生まれてこないし、それが話しあわれることもない。ひたすら視点を変え、なにかを発見し、考え、試してみることの繰り返し。どこをどう通って歩いていくと、心地よい体験になるか。それを考え、動線を決め、そこから導きだされてきたものを詰めてみる。すると、他のもっと心地よい体験が見えて、それで動線を変えると、前にとりあえず決めたことが全部御破算になっている。どうしよう、と考えながら近所を散歩すると、風景のなかに一瞬、答えが見つかる。あるいは、記憶のなかのミースの《ランゲ邸・エステルス邸》における建物と庭の関係に一瞬、答えが見つかる。美術館と近所の風景とミースがつながる。そんなふうに、いろいろなモノやコトが頭のなかで、つながったり、ほどけたり。関係するモノやコトが、展覧会の対象になっている《青森県立美術館》の範囲を越えて、どんどんと増え、広がっていく。

現場で設営をはじめる間際になっても、展覧会の内容を、担当の学芸員にさえ説明できなかった。そしてそこまでいって、ぼくはようやく気がついた。ここでやろうとしているのは、モノとモノのつながりを仮設し、壊し、また仮設しつづけるという、際限なく繰り返される運動のなかの、任意の一つの切断面を展覧会とする、ということであったのだ。

それは、ぼくのそれまでのつくり方とまるで違っていた。ぼくなら、なにかをつくるためには、その前提になっているモノやコトを落としなく集め、それらをうまくつなぐことができる全体性をまず措定する。そして、その全体性を細部にまで行き渡らせ、緻密に統御された一つの構成体にまで育てようとする。その「育てる」という部分が、もしかしたら、つくることの中心かもしれない。だからできるかぎり早い時期に、全体性を措定したい。

その全体性が、しかし《杉並区大宮前体育館》では、なかなか確定できず、いつまで経っても仮設にとどまっていた。それが、ぼくにはストレスだったのだ。なのに、杉戸さんは全体性がいつまでも仮設でしかありえないことを、むしろ、楽しんでいるようだった。全体性をつくっては壊し、またつくる。そのなかでモノとモノのつながり方が、可能態として増え、濃密になっていく。その運動そのものが物事の本筋という姿勢。そう感じると、彼の作品に、完成し切ったという感じがなく、キャンバスを越えてどこかとつながろうとしているように見える理由が、ちょっとわかった気持ちになってきた。

完成した全体性か、仮設の全体性か。

完成することが大事なのか、流動する物事をそのまま捉えることが大事なのか。

アートか建築かというジャンルの違いは措いておいて、つくるということになかに、こういう正反対の姿勢があることに、ぼくは衝撃を受けた。

設営のため青森に乗り込もうとした矢先の二〇一一年三月一一日、東日本大震災が発生する。それで、すでにポスターも刷り上がっていた「青木淳×杉戸洋　はっぽとはらっぽ」展はキャンセルになり、杉並区が南相馬市と災害時相互援助協定を締結していたため、《杉並区大宮前体育館》はペンディングになった。もう一度、災害時を想定して設計が見直されることになったのである。

4　東日本大震災

東日本大震災は改めて、いつ震災が起きてもおかしくないところにぼくたちは生きていることを、思い起こさせた。先のことは予測がつかないということを肝に銘じなくてはならない。またそのことを前提に物事を考えなくてはならない。そういうことは考えた末の結論というよりは、直感として感じたことだった。その証拠に、震災直後ぼくは、「よくできたデザイン」に突然、虚しさというか白々しさを感じてしまい、設計で細部を詰めていくことが、なんだか人間としてひどく的外れな行ないをしているように思えて、一時的ではあったが、設計がまったく手につかなくなってしまったのだった。たぶん当時、同じように感じた人は多かったのではないだろうか。

ともかくそんな気持ちに後押しされるように、ぼくは決めた。完成された全体性ではなく、つねに仮設にとどまる全体性を基礎として物事を考えていくことを、である。

全体性が仮設にならざるをえないのは、一つには、その全体性によってつなぎとめられるべきモノやコトが流動的だからだ。モノやコトは、数も変わるし、内容も変わる。しかもそれらはそれ自体の勝手で生起し変化するものなのだから、基本的には、設計者のコントロールを越えて、バラバラに存在している。

そのバラバラさにもいろいろある。まず、対象とするモノとコトそれ自体のバラバラさがある。プールに求められるものとアリーナに求められるものはもちろん違うし、たまたま植わっていたソメイヨシノと大銀杏の木との間にも特段の関係はない。

それから、対象となるモノとコトの集合範囲のバラバラさがある、対象となるのは、なにも敷地のなかだけとは限らないし、その範囲は設計中、広がったり狭まったりして、定まらない。そしてそのたびごとに、ひとまとまりになって感じられるモノとコトの集合の像が違う。それら集合の無数の可能態がつくるバラバラさがある。

生起する事態のバラバラさもある。予測していなかったことが、次々に起きる。災害などの突発的な事態、使っていくなかで現われてくるさまざまなモノとコト。それらが生むまたバラバラなモノとコト。

そう、ぼくたちは、対象それぞれのバラバラさ、対象とする項目の範囲のバラバラさ、不測の事態によるバラバラさのなかで生きているのだ。

そんな現実のなかで、全体性を措定する。それは当然、そうしたバラバラでしかない現実に対して「閉じる」ことを意味する。なぜなら、全体性が措定されたとたん、その後に出てきた新しいモノやコトがその全体性にうまく合致するかどうかは、もう確率の問題にすぎなくなってしまうからだ。たしかに、たまたまうまく合致することもあるかもしれない。しかし、まるでそぐわないこともある。そぐわないときは、それを無視するか、それを枝葉末節のものと扱うか、それともそれを無理にでもそぐわせるか。

いずれにせよ、現実と全体性との間に応力が発生せざるをえない。現実を包含することができるから「全体性」だったのに、全体性は一度措定されたとたんに、現実をいわば抑圧するものになってしまう。結果として、全体性が高い完成度で実現されればされるほど、それは現実のなかで、より排他的に働く。

それを開くために、仮設にとどめられた全体性をつくる。つまり、バラバラなモノとコトを、鋳型に入れて矯正するようなことをしないで、そのバラバラさを生かしたまま、またその後の未確定も含めて、包括できるような全体性をつくる。

これはある意味、それまでの自分が向いていた方向の、けっこうな修正だった。

5　荻窪から学ぶこと

仮設にとどめられた全体性。では、それは具体的には、どのように可能なのだろうか。

それは、完成された全体性を、単に「崩す」とか「甘くする」ということではないだろう。バラバラなモノやコトから最大公約数を見つけて、それによって全体をルーズにつなぐ、ということでもないだろう。そういう妥協ではなく、放っておけば完成の引力に引き寄せられてしまう重力場のなかで、全体性をなんとか仮設程度の完成にとどめる方法。それを見つけたいと思う。

そのヒントをぼくは今、《杉並区大宮前体育館》の周辺住宅地、荻窪に見ている。なぜなら、すでに荻窪という町自体が、皆が違う方向を向いているのにカオスではない、という事態を達成しているからだ。昭和のはじめの頃には「西の鎌倉、東の荻窪」と呼ばれていたほどのこの別荘地が今、どういうわけか、いろいろなものが適当に入り混じることができるような、寛容性を持った町にまで育ってきているのだ。

まず土地の大きさがバラバラだ。大きいところではたとえば、昭和のはじめから第二次世界大戦にかけて、当時、首相だった近衛文麿が住んでいた《荻外荘》がある。まさに往年の荻窪のスケール感で、その緑豊かな約六〇〇〇平方メートルの敷地がそのまま、最近、保存を前提に杉並区に売却されている。かと思えば、分筆に分筆を重ねて、細切れになった小さな区画がある。そして、それら大小の敷地に挟まれるように、東京ではやや大きめの区画の地域が広がっている。

土地の大きさもバラバラなら、その上に建てられている家もバラバラ。ガーデニングを楽しんでいる洋館風の家の隣に、前川國男邸かと見紛う大屋根が鬱蒼とした庭の向こうに見え、そこに芝生のなかのコンクリート打ち放しの住宅が続いていたり。つくられた年代も、様式も、ライフ

スタイルもバラバラ。本来なら、高級住宅地の「高級」という統一性があるはずだが、実際にはそうでもない。いかにも高級に見える家があり、ぜんぜんそう見えない家がある。苔むした万年塀の家、ブロック塀を築いた家、既製品のアルミのフェンスの家、塀もなにもない家。塀の扱い一つとっても人それぞれ。集まっているけれど、それぞれが好き勝手、別々のことをしている。この町は、歩いているときの視点というか解像度ではまったくバラバラで、その間に全体性を見つけることができないのだ。

ところが、駅まで歩いて中央線に乗ると、突然、見えてくる解像度が切り替わる。線路が高架になっているからだ。家並みがずっと遠くまで途切れることなく、まるで絨毯のようにどこまでも続いている。個々の家は、その絨毯の毛一本一本だ。全体として見れば、そのすぐ下にある土地の起伏を拾って、ゆったり波打つなめらかな一つの表面になっている。その絨毯は、ところどころで、皺が寄っている。皺に見えるのは、幹線道路に沿って、高層の建物が建ち並んでいるところだ。のっぺりとした表面と、ゆるやかな土地の起伏、それに幹線道路が表わす大きなグリッドパターン。俯瞰すれば、はっきりと全体性が見えてくる。

荻窪の町は、ベクタではなく、ビットマップでできている。解像度を下げると全体性が立ち現われる。しかし、他の解像度を上げるとすべてがバラバラに散らばっていく。

荻窪の町が教えてくれるのは、解像度を切り替えることで、全体性とバラバラさが共存できる、ということだ。ある解像度で見たときには全体性がある。そこに、バラバラに見える解像度のレイヤーが被さる。さまざまな解像度のレイヤーを何重にも被せることで、バラバラさを許容しながら、仮設程度の全体性が可能になるかもしれない。荻窪の町は、そんな可能性を感じさせてくれる。

6 解像度の異なるレイヤーのミルフィーユ

東日本大震災発生から九か月後の二〇一一年一二月、《杉並区大宮前体育館》は、ようやく着工に漕ぎ着く。設計は終わっていたが、もう一度考え直してみたいことが多かった。全体性を完成させるのではなく、バラバラなモノやコト、つまり現実にどう開くことができるのか。その答えを探して、五里霧中のなか手探りで進んだ約二年間に及ぶ現場である。その作業を今振り返れば、たぶん、構成感の脱中心化、ということではなかっただろうか、と思う。

全体性をつくるものを普通、構成と呼ぶ。建築の場合で言えば、それは、その建築全体の組織構成の、神の目による捉え方つまり「抽象」のことだ。それは抽象であるから、人の目には見えない。でも、それは建築をつくったり建築を体験する人の想念のなかに、しかと存在する。構成の最たるものがボリュームとボリュームの組み合わせ方だ。建築には、そういう構成あるいは抽象が、少なくとも今のところ、欠かせない。建築をつくるときに、また建築を見るときに、ぼくたちはどうしてもそういう抽象化に引っ張られるからだ。構成感というのは、構成に引っ張られるときの、その引力のことを指す。

《杉並区大宮前体育館》にも当然、構成はあって、その構成という中心に向かう引力場がある。そのままでは完成に近づいてしまう。だからそこに、その引力場が見える解像度のレイヤーとは別の解像度のレイヤーを被せる。その別のレイヤーで、構成による引力場を相殺する。そうすることで、全体性を仮設状態にとどめ、建築を現実に対して開くことができるかもしれない。

この構成は、遠目の解像度のレイヤーで、よく見える。まず、町のなかに、まわりの住宅と比べればかなり大きな二つの要素、楕円形平面の平屋が二つある。どちらも高さ五メートルほどの低層で、まわりの住宅と比べてもさらに低い。一方、内部にはそれとは対照的なスケールアウトした大空間がある。地下八メートルにまで達する大きな四角い穴が開いていて、そこにまるで太い柄のキノコが生えているかのような構成がある。その太い柄がアリーナのボリュームで、幅二四メートル、長さ三五メートル、高さ一二・五メートルの直方体。そこにキノコの傘のように、楕円形平面の屋根が乗っている。地下深くまで降りて、見上げれば、ローマの大浴場のようだ。低層にすることとアリーナという巨大な空間が必然的に生みだす圧倒的なスケールのコントラストがある。

そのレイヤーに、町を歩いている人が見るときの解像度のレイヤーを重ねる。町との連続が見えてくる解像度だ。外周サッシを、一つひとつの切片がほぼまわりの住宅のスケールの、ジグザクの平面形にする。そのことによって、ガラスを大量に使っているにもかかわらず、壁面としての存在感が際立ってくる。それで、建物が楕円形でできているという構成感や、地下から太い柄のキノコが生えているという構成感が相殺される。まわりの家庭が出すゴミ集積場や、バスを待つ人が並ぶことができる東屋や、近隣住民のための備蓄倉庫や消防団倉庫を、敷地内に設ける。隣に建つポストモダン風な家とよく似合う、大きなJをひっくり返した形の吸気塔と排気塔を設ける。またすでにそこには、桜や青桐などの木々や、中央の四本の大銀杏もある。この解像度のレイヤーでは、敷地を飛び越えて、町レベルでのバラバラなモノやコトを、そのバラバラさのままに生け捕りにできる。

そこに、空間ごとのバラバラさが見えてくる解像度のレイヤーを重ねる。そのバラバラさを維持するために、それぞれの空間の大きさとその用途の重要度から生まれてくるヒエラルキーを消しておく。いちばん大きく、またこの施設のメインであるアリーナからは、ただでさえ発生してしまうオーラを慎重に弱める。廊下や階段などの動線空間は、単なる機能的な交通空間にやせ細らないように強める。屋上の緑化広場は、付け足しにならないよう、むしろ特権的な「原っぱ」になるよう気を使う。そのうえで、それぞれの空間ごとに求められることに真正面から応える。それで、空間が本当にバラバラになる。

そこに今度は逆に、全体性が見えてくる解像度のレイヤーを重ねる。それがこの建物全体にわたって採用されている柱の面取りと梁両端のハンチである。柱に面取りをしているのは一義的には、こうしたスポーツ施設では「ピン角」が危ないからだが、それと同時に、面取りがあれば梁や壁が面取り分オフセットされ真壁的になり、その面取りの大きさが空間全体にわたっての表情を決めてしまう、ということがある。こういうディテールレベルの解像度が、全体にわたる表情を決定づける。小さなスパンでの梁のハンチは構造計画的には必要がない。しかし、空間全体の表情を補完する強力な要素だ。

そこに、バラバラさを強調しながらも、その反対にそれらの間の構成＝バランスによって全体性をもたらす解像度のレイヤーを重ねる。まず色のレイヤーがある。白、ベージュ、水色、緑、黄、赤。さまざまな色をそれぞれに際立たせつつ、全体にはその空間的配置のバランスによって、ある種の抽象性を与える。素材のレイヤー。白いムラのコンクリート、普通のコンクリート、亜鉛ドブ浸け、アルポリック、白いオーガンジー、アクリル、フローリング、ビニル系弾性シート、などなど。それら質感、光沢も、高級感も違うバラバラなものを、バラバラでありながらも、同時に全体の統一も感じられるように配置する。

こうして、指向性の異なるさまざまな解像度のレイヤーをミルフィーユ状に重ねることで、単に構成を消すという以上に、その消すという操作も消して、存在はしているけれど、構成がそもそもあることとさえ感じさせないところまで追い込む。

そうやって実際に見えてくるのは、全体性に支配されないバラバラのモノやコトが、なんの変哲もなく自然に配置されているという様態だろう。でも、そこからはなんとなく、このプロジェクト特有の香りが立ち上がってくるとしたら、それが理想ではないだろうか。

こうして、使われてからの未確定を含めて、バラバラなものをそのバラバラさのまま生け捕りにすることができる程度にまで、「構成」そのものは壊さないまま、しかしそれを中和し、その支配力を奪うことが、さて、できたのかどうか。

ともかく、ぼくはこの建物で、排他的にならざるをえない完成された全体性から、できるだけ遠ざかろうとして、直面する無数の独立項に開かれた建築のあり方を探ろうとしたのだった。そして、それが今のところ、ぼくが思いつく「原っぱ」のつくり方なのだ。全体性が先にあるのではなく、バラバラなものが先にある。その認識はもしかしたら、建築を考えていくときに、かなり大きな出発点の違いなのかもしれない、と思う。構成感が消えてフラットな場が生まれれば、設計はパフュームの調合に近づいていくような気がする。

引き渡しそうそう、ぼくたちが与り知らないところでソファやテーブルが持ち込まれ、館内に、誰がデザインして誰がどうつくったのかわからない「Sports Café すぎなみ」が、いつの間にかオープンしていた。天気がいい日なら、そこでアイスを買って屋上で食べるのが気持ちいいだろう。壁には、やっぱり、張り紙がされている。

3　立原道造のヒアシンスハウス

国内の中短篇「建築文学」を一〇篇集め、『建築文学傑作選』（二〇一七年）と銘打ったアンソロジーを編んだ。本来、建築とは、物質として形と空間を備えたものだけを指していうのではなく、もっと大きく、ぼくたちの生と、それを包む世界との間にあって、その両者を媒介する、抽象的な枠組みや構造のことを言う。だから計画のままで終わった、いわゆる「アンビルト」も十分に建築になりえるし、文学にも、きっと建築はあるだろう。実体の建築が出てこなくてもいい。それでも建築である文学があるのではないか、という思いからの試みだ。選集の最後に置いたのは、立原道造の『長崎紀行』である。

立原道造は、詩人であると同時に建築家だった。実作はない。二二歳で東京帝国大学の建築学科を卒業し、すぐに建築設計事務所に勤め、その二年後に夭折したのだから、それもしかたないこと。建築学科では、奨励賞である辰野賞を、銅杯ではあるが、三回受賞している。一学年下の、のちに世界的な建築家になる丹下健三がもらえたのが、卒業設計での銅杯一回だけだったのだから、かなりの秀才と目されていたと言っていい。実際、残された図面を見ると、たしかにうまい。もともと絵心のある人の設計案である。

実作はないが、《ヒアシンスハウス》という、五坪ほどの小さくかわいらしい小屋が、彼が残したスケッチをもとにして、二〇〇四年にさいたま（旧浦和）市別所沼公園に建てられている。一九三七年の終わり、ということは、死の一年少し前の頃、立原は別所沼のほとりに週末用の家を建てようとしていた。当時の浦和は、「鎌倉文士に浦和画家」と呼ばれ、画家を中心に文化人が多く住んでいたのだが、彼もまた、別所沼のほとりに住む神保光太郎を頼って、ここに居所を持とうとしていたのである。本来の敷地は、今小屋が建つ場所ではなく、沼の反対側、沼を西に望むところ。ただし、建物の向きは今と同じだから、想像のなかで、沼の対岸にそのまま平行移動させれば、立原の構想を感じとることができる。ちなみに、沼のまわりには、現在、背の高いメタセコイアが林立しているが、それはのちに植えられたもの。昔はもっと素朴でのどかな田園だったはずだ。

スケッチだけでは、建築家のアイデアを忠実に再現することはできない。とはいえ、スケッチとそこから想像的に建てられた実物大の立ち姿を、頭のなかで組み合わせてみれば、かなりのことがわかる。

不思議な建築である。

広々とした土地に、幅六メートル、奥行き三メートル弱の長方形平面、片流れの屋根勾配を持つ小箱が、土台の上に、ちょこんと置かれている。沼のほとりを巡る道から見えるのは、幅の狭い方の面。屋根もこちらの方に向かって下がってきているので、道からは、ただでさえ小さな小箱がよりいっそう慎ましやかに見える。壁には、小窓が一つだけ、それもごく慎ましやかに取りつけられている。小箱のなかの人の気配は、まるで感じとれない。小屋は、その身をひそめて、もはや消え入りそうだ。そのかわり、小屋の右手には、小屋の二倍以上の高さで、旗が立つ。「ヒアシンスの旗」と言い、在宅時に掲げられる。主人は見えない、というか、隠されているが、その存在は顕示されている。

小屋のまわりを一周すると、小屋は次々とその姿を変える。もっとも堂々とした姿を現すのは、右手奥から見たとき。屋根がいちばん高くなっている側だ。大きく開けた窓が角をまわり込んでいる。その面をさらに大きく見せるように、小屋本体に「翼」が取りつけられている。この翼には、機能的には、トイレという用がある。雨戸の引き込み代という用もある。たしかに、角に大きな開口を設けようとすれば、それだけ大きな引き込み代が必要になる。しかし、建物の構成を乱してまで、角を突出させ、翼を広げるということは、技量のある建築家だったら、普通、しない。書き割り的になってしまうからだ。にもかかわらず、やっている。これは確実に、意図的な決断だ。

小屋への入り方がすばらしい。道からまっすぐ、小屋と旗の間を進むと、腰ほどの高さの小塀にぶつかる。そこで左に折れると、数段、階段があって、上って、小箱に穿たれた凹みの暗がりに入る。正面はどんづまりの壁で、その壁の右に玄関の扉がある。扉を開けると、パッと別世界が開ける。ほんのわずかな空間を使っての、驚くべき場面転換がある。

小箱に入ると、向く方向と視点の高さで、景色ががらりと変わる。南東の、日当たりの良い庭にゆったりと臨む、応接の景色がある。北を向いて机に向かえば、裏手の庭を横長に切り取る、落ち着いた景色が広がる。ベッドに入れば、先に道から見えた小窓越しに、沼が覗く。小箱がカメラとなって、そこに隠れて外界を観察しているかのような気分になる。

ここには、外から見て、内から見て、数多くの異なる、ほとんど相互矛盾するまでの情景が溢れかえっている。それらの情景を凝集し、重なりあわせたのが、《ヒアシンスハウス》だ。その状況は、小屋にいくつもの情景がある、というような穏当な表現を遥かに超えている。いくつもの、バラバラな情景が隣り合っている場が、とりあえず「小屋」として与えられる。そう言った方がずっといい。

こう感じさせるのも、どの情景もが、舞台上の書き割りのようにつくられているからだ。椅子、テーブル、カーテン、さらにはロウソク立てといった小道具までが、デザインされている。

こうした建築のつくり方、というか、建築概念は、当時も今も、まったく新しい。一つの秩序を志向するのが建築の本性だから、このように、書き割り的なバラバラな情景をぶつけあうというのは、建築への根本的な疑問符と言っていい。

彼が残した随筆『鉛筆・ネクタイ・窓』では、小さな窓から覗く湖水と、少年少女を乗せた浮かぶボートが夢想されている。そして、「僕は室内にゐて、栗の木でつくつた凭れの高い椅子に坐つてうつらうつらと睡つてゐる。夕ぐれが来るまで、夜が来るまで、一日、なにもしないで」

情景は、空想された物語としてある。《ヒアシンスハウス》は、この空想上の「僕」を造形するための書き割り舞台であり、この構図法はどこか彼の文学にまで通底しているかのようなのである。

4　三次市民ホール

1　災害が起きることを織り込んで考える

広島県三次《みよし》市の中心市街地は、中国地方の、瀬戸内海と日本海からほぼ等距離の盆地にある。江戸時代には、石見から尾道まで銀を運ぶために拓かれた街道にあって栄え、妖怪物語『稲生物怪録』の成立など、往時の文化が偲ばれる土地である。

ただ、三本の川がここでうねりながら合流するので、昔からよく水害に見舞われた。一九七二年夏には、堤防が決壊し市街全域が冠水している。ハザードマップを調べてみれば、この市民ホールの敷地も五メートルの浸水がありえる、とあった。

そこで、施設全体を五メートル、持ち上げて建てることを提案した。それではプロポーザルコンペの想定面積六〇〇〇平方メートルに対して、一一〇〇〇平方メートル近くになり、舞台機構を含め、坪あたり一一〇万円という低い予算に抑えなくてはならなくなるが、それでもなんとか予算内に収まると読んだからだ。

東日本大震災の年だった。夏には紀伊半島大水害もあった。思い返せば九五年にも、阪神・淡路大震災があった。ぼくは、そんな被災地から帰京すると決まって、壊れ、瓦礫の山になった東京の街が、現実の東京の街に二重写しになって見えた。三次でも、申し訳ないけれど、家々が水没し、あたり一面、泥混じりの水面になってしまった荒涼たる風景のなかに、小さな島のように浮かぶ建物の姿が、二重写しになって見えて仕方がなかった。それで、水害時には漕ぎ着き、水が引くまで安心して身を寄せることができる静かに屹立する人工島として、このホールを計画しようと思った。

敷地のまわりには、郊外大型店が増殖しつつあった。その散漫でペラペラの風景の背後に、山が穏やかに控えていた。その山の仲間としてつくるのがいいと思った。その意味でも、超然として静かに屹立する建築がいいと思った。

災害はもしかしたら起きる、のではなく、災害は起きる。それを織り込んで建築を考えるようになっていた。

2　余白が公共性を担保する

全体を五メートル持ち上げることで、下にピロティの空間が生まれる。その基本的な用途は駐車場である。ただし、車で埋まるのは大公演の開催日だけで、日常的にはあいているし、また、その天井高は駐車場としての必要以上に高い。つまり、機能的にも、平面的にも、空間的にも、余っている。
この余白を使えば、市を開くことができる。舞台で使う大道具をつくることができる。ダンスや楽器の練習ができる。あるいはただ、たむろすることができる。

余白は、広場というのとはやや異なっている。広場には、皆が集まるための場所という含みがあるからだ。余白にはかならずしも皆が集まらなくてもいい。余白は、つまり、広場よりも広い概念で、そこに居てもいい、あるいは居ても怪しまれない、という性質を持った空間である。

旅行に行くと、余白が多いほど町が魅力的なことを実感する。かならずしも真剣に絵を見るわけでもなく、美術館に入る。柔らかい光と豊かな空間と目を愉しませてくれる作品に囲まれ、そこに居ることができる。本屋は、背表紙を追ってしばらく回り歩くことができる。カフェは、少々のお金を払えば、座ってのんびりできる。表向きの機能からはみ出た余白があって、息つくことができる。余白が人を受け入れてくれる。

余白が公共性を担保している、と言ってもいい。残念ながら、基本計画で諸室必要面積を組むとき、こうした余白はカウントしにくい。しかし、公共建築であれば、いや建築全般に、余白が必要だと、ぼくは思っている。

3　表と裏の区別がない小さな町

空中に持ち上げられた市民ホールには、表と裏の区別がない。回廊が巡り、それに面して、ただ大小さまざまな部屋がただ軒を並べている、というつくりである。それらの部屋を、その時々の利用法に沿った組み合わせで使う。それでこの建物を「使い倒す」。そんなことを考えた。

とはいえ、部屋ごとに、基本的な使用法はある。ルーム1から5が楽屋、スタジオ1から8が練習室で、空間の大小や仕様の違いがある。しかし、大ホール、サロンホール、ホワイエを含め、どれもが直方体の「部屋」としてつくられている。大ホールを取り巻く天井の高い大容積の空間としてつくられるのが常のホワイエも、ここでは、他から切り離し、独立した部屋として使えるようにしてつくられている。

各空間を部屋としてつくることで、一つの用途に限定せず、いろいろな使い方ができる。部屋の組み合わせ次第で、市民ホール全体を何通りにも変えて使える。

たとえば、オーケストラや合唱団が入る公演の場合は、ルームだけでなく、スタジオまで楽屋として使う。足りなければ、サロンホールも控室として使う。逆に、サロンホールを公演に使うときは、スタジオが控室になる。たいてい、スタジオ7と8が使われるだろう。でも、複数の団体が出演するときは、ルームまで控室のゾーンを増やす。付属する倉庫から椅子を出せば、自然採光のとられたその倉庫も控室になる。

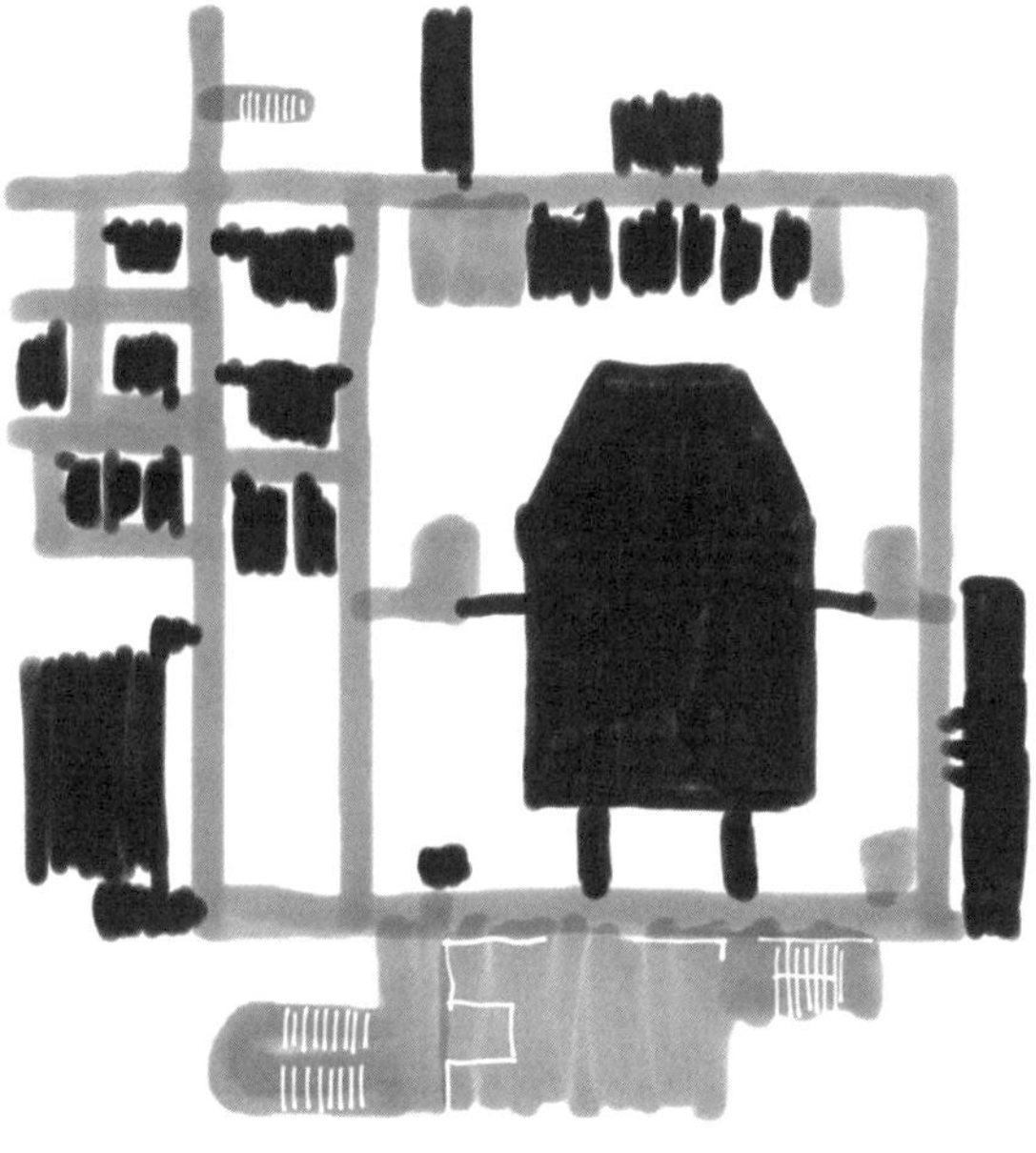

回廊は、通路であると同時に「溜まり」、つまりロビーの機能も担っている。だから、面する部屋にあわせて幅が微妙に違う。そんな回廊がぐるり一周、表も裏もなく回る。いわば、道に沿って建物が並ぶ小さな町のようでもある。地方都市のこういう施設を使うのは、地元の人たちがほとんどだから、建物を使い倒すためには、町の延長としてつくるのがいいと考えたのである。出演者・主催者ゾーンを区切りたければ、回廊に結界を置けばいい。年に数回の、そんなときのために、ふだん、町のなかに大きく立ちはだかる閉まった空間をつくる必要はないと考えた。

エネルギーをできるかぎり使わないつくりにしておかなければ、使い倒せない。それで、普通なら自然採光のない奥に置かれるトイレ、給湯室、洗濯室、シャワー室などを、もっとも明るいところに置く。小さな楽屋も自然採光にする。回廊は空調しない。中間期には窓が開けられるようにし、網戸を設ける。回廊は、面する部屋の排熱で、外よりはずっと快適な空間になる。夏期は、大ホール横のバックヤード階段を煙突効果に利用する。こうすることで、省エネになるだけでなく、仮に災害時に電源喪失しても、最低限の環境が担保される「ベーシックな建築」になる。こうした回廊は、今までのホール建築のロビーとは大いに異なる「人の居方《いかた》」を生む。建物のなかというよりは、町角に佇むような、そんな居方が生まれる、と思う。

この表と裏を設けない回廊型の平面計画は、ホール建築として、おそらく今まで実現されたことがなかった。しかし、地方都市のホール建築の一つのビルディング・タイプになっていい、と思う。

4 西洋音楽にも使える、神楽のためのホール

三次は、神楽が盛んな土地柄である。神楽が、よそゆきの「芸術」ではなく、生活の一部になっている。それで、大ホールの基本的な平面形を、日本の伝統的な劇場形式にのっとって、桟敷のある四角い平面とした。

座席数は固定席で一〇〇六席だが、日常的には、平土間六〇四席だけを使う。そういうときでも、寂しい雰囲気にならないようにするために、二階桟敷席数を減らし、三階席を増やした。村野藤吾の《日生劇場》のつくりである。

最良の音響を得るために、永田音響の意見をよく聞いた。そのうえで、できるかぎり、客席を舞台に近づけた。実は、聴覚的に求められることと、視覚的に求められることは、驚くほどぶつかる。だから、多くの場合、音響の意見は、一部しか叶えられない。しかし、このホールでは、ほとんどすべてを受け入れた。そのうえで、日本の伝統的な出し物にも、西洋の、あるいは現代の舞台にも合うような空間にした。

仕込み時の照明用電気使用量も馬鹿にならない。それで、客席にハイサイドライトを設けた。そのおかげで、ホール天井裏にも自然採光されることになり、通常暗く危険なシーリングスポット室周辺も明るい空間になった。

この施設の部屋はどこも、軀体のコンクリートに必要に応じて仕上げを足す、というつくりで

できている。ハレの場である大ホールも、それは変わらない。

5　ナカミとウツワの動的状態

人びとの生活というナカミがあって、その生活を支える空間というウツワがある。ナカミがあるからウツワが決まるとも言えるし、ウツワがあるからナカミが形を持てるとも言える。どちらが先かは、鶏と卵の関係と同じことである。

大災害が起きると、ウツワが壊れて、ナカミが裸になる。それでもう一度、ウツワをつくる必要が出てきて、改めてナカミを見つめることになる。今までのウツワのままで本当に良いのか。いや、そもそもどんなナカミをしているのか。関東大震災を契機にそのことを切実な思いで考えたのが、たぶん、今和次郎の考現学だろう。本来は、大災害後だけでなく、つねに、そういう反省が必要だ。その反省を受けて、カタチをつくりかえる。そのカタチに合ったナカミを考える。そんな動的状態にあるのが、まともな社会や建築のあり方だと思う。

その動きが今、膠着している。ニーズという言葉を聞くのが増えたことで、それがわかる。ニーズがあってそれに応えるサービスがある。それはその通りのことだが、そういう言い方をするとき、ついつい、カタチがあることでナカミが生まれる、というその逆の方向も必要なことを忘れられている。

公共建築を設計するときに行なわれる市民ワークショップは、ナカミとカタチの関係を揺り動かし、その間の生き生きとした関係を取り戻す絶好の機会である。ところが、往々にして、既得権益層しか参加してくれない。あるいは、物言わぬ多数派を掘り起こす努力を怠る。それで、ニーズを受けとるだけの場になってしまう。そもそも、今までのナカミとカタチの蝶番を一度外し、つなぎ改めるには、時間がかかる。基本設計をはじめる前に、そのために一年くらいは必要ではないだろうか。

虚栄を張るためのホールではなく、日常の延長線上にあるホール。ただし、いつもよりちょっとだけ背筋を伸ばして、背伸びする場所。《三次市民ホール》で、ぼくたち、カタチ側から投げたのは、そんなホール像だった。そのボールで、ナカミ側と、もっといっぱい投げ合いたかった、というのが本当のところである。

それでも、ある程度の達成はあると思う。ブログをつくって、意見のやりとりを公の場で行った。ワークショップも、もちろんあった。でも、ワークショップに、神楽の関係者は一人も参加してくれなかったので、神楽ができるホール、というのは、設計者からの一方的な目標にとどまっていて、本当に神楽で使ってくれるのかどうか、実は心配だった。

午前中の落成式に続いて、昼から「三次市合併一〇周年記念式典」が開かれた。一階の「余白」には、市内各地からの出店が縁日のようには並んだ。ホールでは、「三次太鼓」にはじまり、市内の六つの神楽団が次々に登場し、夜まで賑わった。ホッとした。

5　土壌のデザインが建築になる世代

1　種子が土壌をつくる時代

どんなに優秀な才能であっても、それを育む土壌がなければ、芽は出ないし、育ちもしない。「新世代建築家からの提起」（『JA』86号）に掲載されている人たちの仕事を見ていくと、その土壌が一種類に限られるわけではなく、さまざまな種類の土壌があるように思えてくる。また皆それぞれが、そうした土壌のなかで、自分の性向に合った土壌を選んでいるようにも見える。総じて、土壌が種子を選んでいるのではなく、種子が土壌を選んでいる、という状況に見える。

たとえば田根剛さんは、活動の拠点が日本ではなくフランスにある。そもそも、土壌の場所が違う。というだけでなく、その活動の範囲は、ダンス、ファッションショー、オペラなどの舞台美術、アートフェア会場の設計、コンテンポラリーアートとしてのインスタレーション、アーバン・リサーチなど、いわゆる「建築」の土壌を軽く越えている。

あるいは403architectureが行なっていることは、「建築」の土壌から見るなら、「改装」（それもとても小さい）にすぎない。しかし彼らは、独特の視点から、建築を、都市全体に流動的に張り巡らされている構成要素が、ある特定のあり方として一時的に固定されている状況と捉える。だから現在の固定を一度解放し、そのうえで構成要素を別の固定のあり方に移行させることが、彼らにとっての建築になる。彼らが拠って立つ土壌は、すでに従来の「建築」の土壌とはだいぶ異なっている。

ところで、建築の土壌というとき、それはつまり、建築というものを成立させている「共有のバックグラウンド」のことだ。

たとえば、これを建築と言い、あるいはこれを建築と言わない、というような、「なにが建築か」ということについての、ぼくたちの間で共有されている認識がある。また、こういう建築をつくりたい、と思う人がいて、こういう建築をつくってもらいたい、と思う人がいて、その両者がうまく嚙みあう、というような意味での、共有される欲望がある。あるいは、この建築はすばらしいとする価値判断があって、その判断が人びとの間に伝播していくときの、共有されている場のようなものがある。こういうものをひっくるめて、それを今、建築の土壌と呼ぶとすれば、では、土壌があってそこに種子が育つではなく種子が土壌を選ぶ、とは、なにを意味するのか。それは、それらの共有が確たるものとして無条件にそこにあるのではなく、設計するときに、それぞれがまさにそこから築いていかなければならないものとしてある、ということだ。となれば、状況は、「種子が土壌を選んでいる」ではなく、もっと積極的に、「種子が土壌をつくっている」と言った方がいいのかもしれない。

2　すでに土壌は消失している

今回、選ばれている世代（試しに計算してみると。生まれ年の平均値は一九八〇年だ）よりぎりぎり上の世代になるけれど、柳原照弘さん（一九七六年生まれ）に、「デザインする環境をデザインする」という言葉がある。デザインという単語が入れ子状に使われているのが印象的で、それが気になって、前にお話をお訊きしたことがある（「いま、住宅をつくるときに考えること」『住宅特集』二〇〇九年一月号）。

「たとえば、実績のない家具デザイナーが、どうしたら家具をつくれる状況を建築家につくってもらえるか。こういう場合、カタログ的にこちらの提案を羅列しても駄目で、人のなかに入り込み、その人の空間を理解しながらつくるのがひとつの解決です」。

「デザインする環境をデザインする」とは、不思議な言い回しだけれど、実は、とりたてて変わった意味ではない。伺ってみれば、つまりは、デザインをはじめる前に、まずそれが可能な状況をつくらなくてはならない、という意味にすぎなかったのだ。しかし、そういう状況をつくることを「デザイン」と呼ぶ。家具をつくることも「デザイン」なら、その「デザイン」を頼まれる状況をつくることも「デザイン」。区別なくそう言ってしまったとき、しかし、「デザイン」の位置は、どこか確実に変わってしまってはいないだろうか。

「デザイン」という言葉は、人によってずいぶんと違う意味で使われている。とはいえ、それら別々の意味の前提に共通して、「デザイン」の良さは皆が自然にわかる、という確信があるように思われる。

深澤直人が「デザインの輪郭」というとき、デザインとは、すでに皆が共有しているけれど、まだ形になっていないものを、くっきりと導きだし、割りだすこと（＝輪郭）だ。デザインという行為の前に、皆が無意識のうちに土壌を共有しているという感覚がそこにはある。皆が同じ土壌に立っている。だからこそ、良いデザインが生まれてみれば、理屈なしに皆がわかる。

エトーレ・ソットサスが、オリベッティのタイプライター「ヴァレンタイン」をデザインしたとき、それはプラスティックという新しい素材がつくりだすはずの未来の社会のためのものだった。その社会つまり土壌のその共有はまだ実現されていない。しかしだとしても、一つの特定の土壌がデザイナーの脳裏にたしかに想定されていたのだ。という意味では、ここでも土壌なしには、デザインははじまっていない。デザインは、土壌があってはじめて可能だった。

ところが、「デザインする環境をデザインする」での、少なくとも後ろの「デザイン」では、その前後関係がまったく反転している。まず土壌がある、のではない。その逆に、土壌は今デザインすることによって、はじめてつくりだされる。固い地盤に、鍬を入れ、鋤で掘り起こし、土壌をつくる。その共有をつくりだすこと自体が、デザインなのだ。

これは、「デザイン」の概念の、一つの拡張ではある。と同時に、土壌が失われてしまっている、ということでもある。もし土壌が皆に共有されていて、かつぼくたちもまたその土壌に無条件に帰属していると感じられているのなら、なにも新たに土壌をつくりだす必要はないからだ。

共有が無条件でないから、共有を築くこと自体が主題になる。そして、それが切実な主題になっているからこそ、その行ないを「デザイン」と呼びたくなる。こうした言い方には、かつてあったはずの土壌が消失してしまったという状況がはっきりと記されている。

3　土壌が自壊したことによる希望

もっとも、かつての土壌とて、最初から存在していたのではない。それは、人がいて、そのたびごとに、その土壌の是非を問い、場合によってはそれを批判し、またそれをより正しいと思われるものに置き換え、つまりは、人がその土壌を土壌としてしっかりと向かい合いつづけていくこと、まさにそのことによって土壌でありえたのだった。土壌とは、広い範囲で、世代を超え綿々と引き継がれていく、そうした循環論法的再生産がもたらす共同幻想なのだ。「建築」とは、こうした共同幻想の一つだ。人に先立って「建築」はなく、人が「建築」について意識し、またそれについて思考を巡らせることで「建築」はつくられ、また強化されてきた。煎じ詰めてみれば、「建築」という実体はどこにもない。あるのは、その渦に巻き込まれている人の行為だけだ。巻き込まれた人の行為が、さらに他の人の行為をそこに巻き込み、その巻き込みの運動自体が、まるで実体であるかのような像を結ぶ。それが「建築」なのだ。

土壌は、人のそれに関わろうとするエネルギーによって持続する。関わりは、賛成でも反対でも構わない。人がそれに関心を持つかぎり、その関心のあり方に無関係に、維持される。その点では、土壌は安定している。でも、ひとたび、人がそれに無関心になったとたん、それは消えてしまう。エネルギーの供給がとまれば、渦は維持できなくなってしまうからだ。反建築（anti-Architecture）は、かえって「建築」を強化するけれど、非建築（a-Architecture）は、「建築」を衰退させる。

一見存在の根拠を持っているように見える土壌だけれど、このように、実はそこに確たる根拠はない。それは、いったん動きはじめてしまったシステムが一般的にそうであるように、システムがシステムを維持するためにシステムを運転しているようなものだ。システムの燃料は、ぼくたちのそれに対する関心だった。

そういう土壌が、いつの間にか、衰退し、自壊に至ってしまった。それは、かならずしも悲観的な状況ではない。むしろ、ぼくたちのつくることへ不自由を与えるものが一つなくなったという点では、喜ばしいことかもしれない。少なくとも、土壌がなくなったことで、デザインという言葉の意味は大きく変わってしまった。そして、ぼくはそこに希望があると思う。

4　土壌を生みだしつつ、土壌をデザインする

こうしてあらかじめ承認された超越的な土壌がなくなった、ということは、しかし具体的に

言って、なにを引き起こしたのだろうか。それは、それぞれの建築が、それぞれの等身大の社会によって、それぞれの機会ごとに承認される必要が出てきた、ということだ。これは、垂直的な原理追求型のベクトルが、水平的なコミュニケーション追求型のベクトルに置き換わった、ということでもある。あるいは、抽象的な思考から建築を誘導することから、具体的な関係から現実を構築することへ変化した、ということでもある。それぞれの建築はもう「建築」によって意味づけられず、「建築」から切断されたそれぞれの建築が、そのまわりとのそれぞれの関係から自らを意味づけようとしている、という状況なのだ。

垂直的な思考から水平的な思考への変化は、たとえば、コラボレーションへの親和性に表われる。

まずは、ユニットを組んで設計することが、世代が下るにつれ、普通になってきたということがある。ユニットと言っても、そのユニットが一つの主体としてふるまうというより、その構成メンバーそれぞれがバラバラの主体になっていて、そこに相互作用がある、というゆるい形が多い。だから、「中央アーキ」「assistant」「403architecture」のようなユニット名もあるけれど、「成瀬・猪熊建築設計事務所」「DORELL.GHOTMEH.TANE/ARCHITECTS」とメンバーの名前を並列したうえで、建築をやっているということが表明される名前、あるいは「大西麻貴＋百田有希」「栗原健太郎＋岩月美穂」「増田信吾＋大坪克亘」のように名前を「＋」でつないだだけのユニット名がある。

こうした設計者間のコラボレーションがあって、クライアントとのコラボレーションがある。もちろん、建築は、いつだって、設計者と施主のコラボレーションではある。しかし、その両者の立ち位置が、とても近い。同じところに立って、同じ方向を向いている。というのは、もしかしたら話が逆で、バラバラの個人がいて、たまたま知り合って、意気投合して、仲良くなって、それで仕事になった、という順番なのかもしれない。最初にコミュニケーションがあって、そこから一緒にやることが生まれ、それが（場合によっては）建築になっていく、というフラットな関係。畝森泰行さんの《山手通りの住宅》のクライアントは、彼と同世代の独身の鞄職人の方なのだそうで、畝森さんの話を聞いていると、まるで、その鞄職人の方自身が畝森さんの思考に入り込んで設計をしているような錯覚にとらわれてくる。

クライアントという枠組みをもっと広げれば、それは、隣人であり、社会に至る。そして、ここでは、隣人は「他者」ではなく、社会は対峙する「敵」ではない。そのどちらもが、自分と地続きの存在としてある。ある意味では、隣人や社会は自分の一部として認識される。もちろん、拡張される範囲は、現実としては、無限ではない。どこかに限界がある。しかし、その有限性に拘泥はしない。なぜなら、行こうと思えばどこまでも行けるはずで、その有限性は意志の問題にすぎない、（と認識されている）からだ。

自分がいて、その近傍にクライアントがいて、その外側に隣人がいて、さらに外側に社会がある。連続的に広がるこの同心円のなかで、では、建築はどこに降り立つのか。それは、自己でも、クライアントでも、隣人でも、社会でもなく、それらの間の関係にだ。ここに至って、それはコラボレーションの究極なのかもしれない。建築は、自己の内面の表現ではないと同時に、社会が要求することへの客観的解答でもない。建築は、たとえば、自分の欲求とクライアントの欲求との最小公倍数を見つけ、それを確定することかもしれない。あるいは、さまざまな立場が、どれもが犠牲になることなく、うまく回っていく関数を見つけ、それを確定することかもしれない。あるいは、この同心円構造を、現実世界のなかで、きわめて具体的に組み替え、再構築していくことなのかもしれない。

いずれにせよ、建築が超越的な土壌という後ろ盾をなくし、まわりとの関係のなかで自らを承認しなければならなくなったこの場所では、もはや建築はなにものかの「表現」ではなく、関係を活性化し、制御し、調停し、操作することで、個別の土壌を生みだしながら、それと同時にまさにその関係によって自らを位置づけるものになった、と言えるだろう。

あとがき

フラジャイル・コンセプト、つまり、最初にあるべきものの頼りなさは、そこかしこに見いだすことができる。

たとえばつい最近、住んでいる建物で外壁補修工事があって、窓の外に足場がかかり、黒い養生シートが張られ、ふだんは眩しいくらいに明るい居間が、青空が見えるというのに黒く染まった「くうき」に満たされるようになり、居ながらにして北欧の白夜を楽しむことができた（実際に体験したことがないから間違っているかもしれない）のだが、一か月余りにわたって続いたこの工事は、二〇年近く住んできた部屋がいかに微妙なバランスで成り立っているのかを、十分に知らしめてくれた。

たった一枚のシートのあるなしで、「くうき」の質は完全に入れ替わる。居間の長閑は、窓ガラスの透明が、かろうじて支えていることを知らされたこともその一つだが、工事が終盤に入ったある日の深夜、上からボタボタ水が落ちてきて目が覚めたこともあった。雫は一分間ほど降り注いでやみ、それっきりになったので、朝起きてから天井点検口を開けてなかを覗いてみたら、屋根スラブに吹き付けられたウレタンフォームの表面にびっしり水滴がついていた。結露だった。原因を調べようと屋上に上ったら、植栽がなくなっていた。植物の根が防水層を痛める可能性があるとのことで、つい先ごろ撤去されたのだった。こうしてぼくは、屋上の植栽が寝室を結露から守ってくれていたことを知った。部屋の日常は、それを日頃隠れて支えてくれているものがあるおかげで安定した基盤のように見えるが、その本性は、ぐらぐら、ぼよよん、揺れている。

それまで、寝室に面したテラスに出たことがなかった。というより、ツツジやソヨゴの鬱蒼で出られなかった、と言った方がいい。見通しも利かなかった。その植栽も取り除かれ、出られるようになった。息子がそこでストレッチをしたいと言うので、人工芝を買って、敷いた。椅子を出して座ってみたら、すぐ脇に今まで知らなかった桜の大木があった。そういえば、春先の夜々、隣の敷地の方から宴が聞こえるのが、毎年、気になっていた。

ということは、今年からは、こちら桟敷席から、杯を重ねながら、その桜を眺められると、どちらに転ぶかわからぬこのフラジャイル・コンセプトにうれしくなった。その蕾が、毎日、大きくなっている。明日には咲きそうだ。

もうずいぶん前から、本にまとめましょうと言ってくださっていたのに、どうまとめればいいか見当がつかず、逃げ回ってばかりで、いつまでも案を出せず、真壁智治さんにはやきもきさせてしまい、申し訳なかった。山田兼太郎さんには編集で、松田行正さんには装丁で、たいへんお世話になった。ぼくの事務所サイドでは、編集作業してくれた川畑杏子さん、"your fragile concept"と、ぼくの仕事の進め方を表現してくれた（ポジティブな意味だったと信じている）おかげで、この本のタイトルを決めることができた元スタッフのJan Vranovskyさんに助けられた。ほかにも、この本に収められたテキストをぼくに書くよう促してくださった方々、書く対象とさせていただいた方々、いつもなにをどのように書いたらいいいか相談に乗ってくれる妻の家村珠代さんにも、この場を借りて、感謝を申し上げる。

4 どこもが「寝室」になる／『考える人』新潮社、2013年冬号
5 この場所で現実世界がほころびはじめること／『Ryan Gander』大和プレス、2013年
6 複製することの魔法／『Luigi Ghirri』Taka ishii Gallery & Case Publishing 、2017年

第5部　建築を見ながら、考えたこと——『新建築』2015年の月評
月評* ／『新建築』2015年1月号〜12月号

第6部　建築をバラバラなモノとコトに向かって開くこと
1 誰が群盲を嗤えるか／『新建築』2008年9月号
2 現実を生け捕りにするには／『新建築』2014年7月号
3 立原道造のヒアシンスハウス／『新潮』新潮社、2017年6月号
4 三次市民ホール／『新建築』2015年5月号
5 土壌のデザインが建築になる世代／『JA』86号、2012年6月

初出一覧　*印は収録にあたって改題した

巻頭　ぽよよん／「オカムラデザインスペースR 第9回企画展」趣旨説明書より、2011年5月
序　フラジャイル・コンセプト／書き下ろし

第1部　表現でないこと

1 空気を整える*／京都工芸繊維大学修士課程設計演習コメント、2013年6月
2 どこからが絵なのだろう、どこまでが絵なのだろう／『杉戸洋――こっぱとあまつぶ』torch press、2016年
3 谷崎的建築観 vs 芥川的建築観／『群像』講談社、2017年7月号
4 様相が内部空間の構成を食い破るとき／『建築雑誌』日本建築学会、2009年6月号
5 キャンパスノートの使い方／『青木淳 ノートブック』平凡社、2013年

第2部　東日本大震災

1 震災直後のインタビューから*／「Time Out Tokyo」(Webpage)、2011年3月
2 自分たちで環境をつくる／『新建築』新建築社、2011年7月号
3 長清水*／「TAKADAI PROJECT」ホームページ、「経緯」、2011年7月5日
4 代理を前提にしないデザイン／中田千彦監『DECADE+5』宮城大学事業構想部デザイン情報学科空間デザインコース、2012年
5 アンケート：この夏はどう変わったのか*――東日本大震災以降*／『新建築』2011年10月号
6 東日本大震災と関東大震災／『東奥日報』2011年11月18日
7 震災から3年――無防備の先にあるもの／『新建築』2014年3月号

第3部　具象と抽象を行き来しながら

1 建築とは建築の裏に隠れた秩序のあり方であり、模型はその秩序を指定する／『JA』91号、新建築社、2013年9月
2 なぜ、それを模型と呼ぶのか／『石上純也 建築のあたらしい大きさ』青幻舎、2010年
3 くうきを伝える、くうきのような生き物*／『安藤陽子――テキスタイル・空間・建築』LIXIL出版、2015年9月
4 〈作為〉－〈作者〉＝〈ストーリー〉／『トラフ建築設計事務所のアイディアとプロセス』美術出版社、2011年
5 かなり図式的なつくりかたなのに、その図式を見せることが主題ではなく、結果として、とても自然体になっていること*／『住宅特集』新建築社、2013年7月号

第4部　日常の風景

1 物語がある道*／「RUNNER'S INFO」2011年8月、〈http://www.runnersinfo.org/road/run/001/〉
2 すべての建築は道から進化した／「RUNNER'S INFO」2011年8月、〈http://www.runnersinfo.org/column/001/〉
3 毎日の行ないがつくる道／「RUNNER'S INFO」2011年9月、〈http://www.runnersinfo.org/road/walk/001/〉

［著者紹介］
青木 淳（あおき・じゅん）
1956年、横浜生まれ。82年、東京大学工学部建築学科修士課程修了後、磯崎新アトリエに勤務。91年に青木淳建築計画事務所設立。個人住宅をはじめ、《青森県立美術館》、《杉並区大宮前体育館》に代表される公共建築、ルイ・ヴィトンの商業施設など、作品は多岐に渡る。99年に日本建築学会作品賞、2004年に芸術選奨文部科学大臣新人賞を受賞。
主な著書に『JUN AOKI COMPLETE WORKS』(1・2・3巻)、『原っぱと遊園地』(1・2巻)、『青木淳 ノートブック』、編著に『建築文学傑作選』などがある。
HP〈http://www.aokijun.com/〉

建築・都市レビュー叢書 04
フラジャイル・コンセプト

2018年5月23日 初版第1刷発行
2022年9月8日 初版第4刷発行

著 者 青木 淳

発行者 東 明彦

発行所 NTT出版株式会社
〒108-0023 東京都港区芝浦3-4-1 グランパークタワー
営業担当 TEL 03-6809-4891 FAX 03-6809-4101
編集担当 TEL 03-6809-3276 https://www.nttpub.co.jp

造本設計 松田行正＋杉本聖士

印刷・製本 中央精版印刷株式会社

ISBN 978-4-7571-6074-3 C0052

建築・都市レビュー叢書　創刊の辞

21世紀の建築と都市のための議論を生む新しい知のプラットフォームを築く必要があります。そのために20世紀を生んできたこれまでの知の棚卸しを図り、新たな時代のパラダイムに対応する論考＝レビューのための場づくりが求められています。本叢書の主題は、現在の建築・都市に潜む事態・事象・現象・様相等のその問題性を指摘し、新たな局面を切り開いてゆくための独創的な力を示すことにあります。そして、レビューの機会をより多くの世代間、分野間に拡げ、そこから議論と理解を深め問題の所在を明らかにしてゆきます。

本叢書が、21世紀の建築と都市にわたる論考の場を活発化することを期待しています。

叢書キュレーター　真壁智治